做自己的心理医生

肖西◎编著

哈尔滨出版社
HARBIN PUBLISHING HOUSE

图书在版编目（CIP）数据

做自己的心理医生：专供版 / 肖西编著.—哈尔滨：哈尔滨出版社，2018.2

ISBN 978-7-5484-3619-5

Ⅰ.①做… Ⅱ.①肖… Ⅲ.①心理健康-普及读物 Ⅳ.①R395.6-49

中国版本图书馆CIP数据核字（2017）第195353号

书　　名：做自己的心理医生：专供版

作　　者：肖　西　编著
责任编辑：王　丹　滕　达
责任审校：李　战
封面设计：上尚装帧设计

出版发行：哈尔滨出版社（Harbin Publishing House）
社　　址：哈尔滨市松北区世坤路738号9号楼　　邮编：150028
经　　销：全国新华书店
印　　刷：哈尔滨市石桥印务有限公司
网　　址：www.hrbcbs.com　　www.mifengniao.com
E-mail：hrbcbs@yeah.net
编辑版权热线：（0451）87900271　87900272
销售热线：（0451）87900202　87900203
邮购热线：4006900345　（0451）87900345　87900256

开　　本：787mm×1092mm　1/16　印张：16.25　字数：200千字
版　　次：2018年2月第1版
印　　次：2018年2月第1次印刷
书　　号：ISBN 978-7-5484-3619-5
定　　价：38.00元

前言 PREFACE

许多人对心理问题具有天生的恐惧和排斥。其实心理测试和体检类似，对于身体检查，人们都不会大惊小怪，但大多数人却不了解心理测试的意义和方式。

无论是名人、普通人，富人还是穷人，都有可能产生心理问题，而不管他的出身、地位、财富情况怎么样。

所谓人心难测，知人知面不知心，是说人是一种很复杂的动物，人总是做出一些让自己的同类都觉得不可思议的事情。但是心理学家们更会分析，每一种做法都是可以归类的，人们的所作所为都是可以解释的。

各种心理障碍都是患者的心理出了问题，这时候就必须通过患者自己才能解决，别人不可能代替患者解决问题。

心理学是一门内容很广的学科，很多学校有专门的院系来研究。从事心理学方面的工作也是很有前途的。虽然我们不要求自己成为心理学家，但是掌握一些必要的心理知识，对了解我们自己和我们已经碰到或者将要碰到的人和事是大有裨益的。

一个女大学生，第一学期成绩名列前茅，第二学期她自己也不明白为什么听不进老师讲课，并且记不住事，睡觉总是早醒，终日疲乏无力，情绪不佳。她认为自己已无法学习，主动要求回家。回到家里，她向父母诉说自己的抑郁感受，父母却认定是失恋引起的，还打了她一顿。不被理解的她多次跳河又被救起。她母亲这才吓坏了，试着去找精神科医生，医生说是患了抑郁症，其父母方如梦初醒。经过治疗，她逐渐恢复正常并复学，以后情况良好。可见心理问题并不可怕，社会偏见也不可怕，最可怕的是不懂或不愿意寻求及时有效的正规专科治疗。

其实，生活在今天的我们是很幸运的，经过心理学家们长期的探讨和总结，现在我们不用再苦苦寻觅很多现象的本质，因为心理学家们已经帮我们解释了这些现象。我们现在只要学好这些理论，并且更好地应用就可以了。

曾经杀害宿舍姐妹的北外女生罗卡娜性格孤僻冷漠，只因一点儿小纠纷就挥刀杀人。这极端的负面例子令人深思，更表现出心理健康的重要性。

许多未成年人案件都缘于心理方面的问题。有些家长对未成年人的心理异常置若罔闻，视而不见，以至于小事酿成大事，小错铸成大错。因此，家庭教育更要重视未成年人的心理疏导，要创造宽松和谐的家庭环境，倾听孩子的心理倾诉，有针对性地做好心理疏导工作。

本书通过心理现状来检查人们是否存在某一方面的心理问题，并且对一系列的不良心理、心理障碍提出了调适方法，以及如何建立健康的心态、做积极进取的人，还指出了职场中存在的诸多心理问题和解决办法，希求每位读者做一个心理健康、心态平和的人。

希望每一位读者都能够在这本书里学到知识，并能有所感悟，以后遇到类似事情的时候，不再惊慌失措，而能够从容镇静，沉着应对。愿人人都能心态变得更好，内心更健康。

编者

2009年1月

目录 CONTENTS

第一章 重视心理健康，活得身心平衡

第二章 改善不良心理，赢得心灵力量

第四章 心理异常的自我测试和调适

第五章 实用心理暗示疗法

第一章

重视心理健康，活得身心平衡

心理健康不容忽视

人人都希望自己拥有健康，但健康不单指身体上的健康，还包括心理健康和社会功能处于完好状态。

近些年来，心理疾病出现增多的趋势，抑郁症、焦虑症等患者大量增加。据统计，我国每年约有28.7万人自杀，并有200多万人自杀未遂。自杀者大多为15～35岁的青年人。这些青年也许身体都很棒，但由于生活阅历比较少，社会经验严重不足，受到的压力比较大，对于生活环境的种种突发性的变化难以适应，遇到挫折、碰上矛盾、受到打击就消极悲观，甚至产生心理问题，最后发展成心理疾病却不自知，再由病态而萌生自杀的念头。

相比之下，一般中老年人“吃的盐比年轻人吃的饭多，过的桥比年轻人走的路多”，面对各种困难和挫折要沉稳得多，发生心理疾病的相对较少。但是真要做到“处事乐观，态度积极”也并不容易，少数中老年同志在几经挫折之后也逐渐磨去棱角，不思进取而消极处理，“当一天和尚撞一天钟”“以不变应万变”……的精神状态，不能说是心理健康，反而还会因生活无趣、无精打采而渐渐影响旺盛的生命力，从而在生理健康上也大打折扣。

因此，在当今社会，心理健康问题越来越不可忽视，应该引起每个人的关注和重视。

按照世界卫生组织对健康的定义，如果个体在身体上没有疾病，这只能说明他具备了身体健康；如果个体在心理和社会功能方面处于完好状态，则可称为心理健康。实际上，在疾病过程中，病人的身体、心理和社会功能这三个层面受到损害的程度经常是不均等的，而且是以某个层面的损害为主，

或者某个层面的损害是原发性的，进而影响了其他层面，使其他层面也出现异常，最终导致生理、心理和社会功能的全面异常。如果疾病以身体损害为主，则一般称之为躯体疾病；如果疾病损害主要表现为心理或社会功能的方面，导致个体心理和社会功能出现异常，则称为心理障碍或精神疾病。

中国20世纪80年代的资料显示，在综合医院门诊病人中，9%～11%可被诊断为心理问题；到了20世纪90年代，发现15%的门诊病人有心理问题。所以说我国的躯体疾病病人的心理障碍共患率已经比较高了。

心理问题易致病

现代人生活压力大，不是昨天头晕，就是今天胃疼。有的一检查才知道是心理出了问题。众所周知，情绪是人对外界事物的感受，如今各种压力产生了过去没有出现过的问题：年轻人面临升学就业的压力，中年人面临下岗、购房等许多实际的困难，而老年人对公费医疗改革的不理解等等。种种情况都容易促发许多疾病，因此人们也越来越清楚地意识到心理健康的重要性。

目前，健康的内涵拓展到关注个体的生活质量。今天，三分之二的疾病发生也与心理社会因素相关。因此，健康的心理对于适应环境的变化、增进身体健康是十分重要的。

人的心理和生理是统一的，我们的健康更多地是由精神和思想共同决定的。生理是心理的基础，任何的心理行为都结合着一定的生理反应。美国科学家曾公布一项调查结果：约35%的人，因为生活过度紧张而引起了心脏病、消化系统溃疡和高血压等。几乎所有的神经性消化不良、失眠症、头

痛、蛀牙、后天的心脏不适症及部分人的胃溃疡、麻痹症等，都由恐惧、焦虑引起，或直接与它们有关。

心理障碍如焦虑、抑郁、人格及适应障碍在心理门诊已十分常见。患这类病的人一部分可以通过药物的帮助获得改善，一部分则需要通过心理治疗方能摆脱困境，配合药物的心理疏导可以减少疾病的复发。针对这类病人的共性问题，如治疗依从性差、对诊断抑郁的“耻辱感”等原因造成的治疗不彻底，就要进行心理健康教育，从而提高其心理健康水平。大家比较注意“病从口入”，但常常忽视“病自心生”，这里讲的“心”主要就心理、情绪而言。

心理不健康的症状

从心理角度看，能与周围环境取得良好适应的心理和行为，才是健康的。

纽约的南希•科勒除了当美术教师和操持家务外，还要参与许多社区的活动和志愿服务工作，然而无论多忙，她每天都坚持午睡片刻以保证充足的睡眠。她说：“要是不睡够八小时，所有问题都会变得难以解决。我了解我自己。所以，首先要照顾好自己，然后才能做好该做的每一件事。”当她感到烦恼时，她总是设法找知心朋友聊聊，或在必要时去请教心理医生来排解自己的不良情绪。南希的朋友们看到她工作时总是表现得轻松和充满激情，于是问：“难道你真的从不知道累且从不烦恼吗?”“哦，是的，”南希说，“我的秘密是：感到疲劳或烦恼时就不工作。”

只有自己的心理和行为与周围环境适应了，才能让自己的身心得到健康的发展。身体不适是件让人痛苦的事，患感冒大家都能意识到去内科看病；腿疼去看骨科。而有些不适，如失眠、精神不振、疼痛、全身不适、烦躁等，大家却不知该去哪里治疗，四处奔走、检查、找医生，犹如患了疑难杂症。其实，很可能就是得了心理疾病。心理疾病复杂多样，以下症状属心理疾病范畴，应去看心理医生。

1. 睡眠障碍

入睡困难、早醒、多梦、易醒、醒后不能再入睡、夜惊、夜游、梦魇(经常被噩梦惊醒)。

2. 情绪障碍

持续的心情低落、情绪消极、兴趣减退、身体不适或消瘦、话少、活动减少，情绪高涨、高兴愉悦甚至欣喜若狂，易恼怒、脾气急躁、言语多、自我评价高或夸大、行为鲁莽、睡眠减少而精力充沛。

3. 应激相关障碍

强大的精神刺激或持续不断的不愉快处境导致的抑郁、焦虑、害怕情绪，警惕性增高、过分担心，遇到与刺激相似环境感到痛苦。

4. 精神障碍

思维特殊、有时逻辑推理荒谬离奇，言语中心思想令人无法捉摸、行为异常、自言自语、表情淡漠、疏远亲人、生活懒散。部分病人有敌意、冲动，此类病人多不认为自己得病。

5. 焦虑障碍

莫名其妙的紧张、恐惧、坐立不安，不时心慌出汗，症状突然出现或突然消失，症状出现前不可预测。

6. 强迫障碍

明知没必要却控制不住情绪、观念和动作，如反复询问、反复想一件事情，反复洗手、反复检查、重复做某一动作。患者为此痛苦不堪，却无法控制。

7. 恐惧障碍

患者对某种环境、人物或物体产生强烈的恐惧，明明知道过分害怕不合情理，但不能克服，多用逃避方式应付恐惧。

8. 疑病障碍

过分关注自己的身体健康，过多担心或相信自己患某种严重躯体疾病，反复就医检查。医生解释和医学检查的结果不能打消其顾虑，即使身体有某

种器质性病变，也不能解释患者所诉症状的性质和程度。

9. 疼痛障碍

持续、严重的疼痛，疼痛不能用生理现象或躯体疾病做出合理解释，情绪冲突或心理、社会因素直接导致疼痛的发生。经检查未发现产生与疼痛相应的躯体病变。

10. 神经衰弱

精神易兴奋却又易疲劳，多表现为紧张、烦恼、易激怒及肌肉紧张性疼痛和睡眠障碍。

11. 进食障碍

（1）神经性厌食。多伴有神经性呕吐，多表现在爱美的青少年女性身上，为减肥美体故意限制饮食，回避可导致发胖的食物，自我诱发呕吐、自我诱发排便、过度运动或服用利尿剂，导致厌食、消瘦、闭经、虚弱。

（2）神经性贪食。患者有反复发作和不可抗拒的摄食欲望及暴食行为。有担心发胖的恐惧心理，常采取引吐、导泄、禁食等方法消除暴食引起的发胖，神经性贪食者常有神经性厌食病史。

12. 器质性精神障碍

有明确的躯体疾病或脑部疾病，如冠心病、糖尿病、慢性支气管哮喘、肝脏疾病、慢性肾功能衰竭、脑血管疾病等。实验室检查异常，结果肯定。同时伴有智力下降、记忆力减退、个性改变、意识障碍以及兴奋、躁动、胡言乱语、易喜易怒、情感脆弱等。患者的日常生活、人际交往、工作、学习能力受损。

13. 性心理障碍

阳痿早泄、性冷淡、异装癖、恋物癖、窥阴癖、露阴癖。

如果有以上所述13种症状的人，应尽早找心理医生诊断，以免让心理问题严重地损害身体健康。

现代医学和心理学的研究表明，许多疾病都有其心理根源。躯体疾病和精神疾病一样，都不是由单一因素所造成的，往往是多种因素共同起作用的结果，其中十分重要的是与心理、精神因素有密切关系。它和细菌、病毒、遗传、体质、免疫等生物学因素以及有害的理化因素一样，不仅能引起精神疾病，而且也能扰乱人体各器官系统的功能，致使躯体发生各种疾病。

溃疡病的病因和发病机理相当复杂，其中，心理因素的作用不可忽视。也就是说性格、长期反复的消极情绪与溃疡病的发生有着重要关系，所以医学心理学把溃疡病列为心身疾病。

如果一个人的心理、情绪经常保持乐观的良好状态，人体就可以增强抗病能力，许多疾病就有可能被战胜或延缓发生。平时人们要注意培养业余爱好，使消极心态得以疏导；还要注意搞好家庭和社会关系，多交几个知心朋友。这样做不仅能经常得到关怀和温暖，感受到生活中的欢乐，而且在遇到忧愁烦恼之时，使不良的情绪有个宣泄之处，不至于郁闷成疾。

心理问题的等级

某大公司有一个非常漂亮的女白领做了多年的单身贵族，其身后众多的追求者都拜倒在她的石榴裙下，最终她在众多追求者中选择了一个条件最优越的人为夫。结婚两年中，女白领忙着料理家务，照顾丈夫和孩子，身体变胖了，脸上也少了当年的灵气，人也渐渐不像从前那么漂亮了。于是这个优秀的男人就有了婚外情并无情地抛弃了她。不仅如此，她的小孩随之也因病夭折了。女人万念俱灰，打算跳海了此一生。她登上了一条小船，将其作为自己生命的终点。因为她神情恍惚引起了船上老渔夫的注意，女人就在和渔夫的交谈中诉说了自己遭受的痛苦。

女人很幸运，遇到了一个很有智慧的渔夫。

渔夫问女人："两年前你是什么样子呢？"

女人回答："两年前我是单身贵族，是公司里的白领，没有丈夫，也没有孩子。"

渔夫又问："那么你仔细想想现在和两年前有什么不同呢？"

女人突然醒悟，原来现在和两年前没有什么不一样啊，同样没有丈夫，没有孩子，既然这样，为什么不能鼓起勇气，面对现实，让一切从头再来呢?

这个故事的结局是女人带着希望回到属于她的事业和生活中，凭借自己的努力在事业上再次获得了成功，也在生活中找到了久违的幸福。

生活中，大部分人都或多或少地有过一些心理问题，但是为什么有的人通过自己或别人的调节，可以恢复到正常的心理状态；有的人却深陷心理的泥沼，无法自拔呢?其实心理问题是分为好几个层次的，从健康状态到心理疾病状态一般可分为四个等级：健康状态—不良状态—心理障碍—心理疾病。

健康的心理状态

心理健康状态与非健康状态的区分标准一直是心理学界讨论的话题，不少国内外心理学学者根据自己研究调查的结果提出了许多种心理健康标准。其中有一种最简单可行的，即从本人评价、他人评价和社会功能状况三方面进行分析的标准。

1. 本人不觉得痛苦，即在一个时间段中快乐的感觉大于痛苦的感觉。

2. 他人不感觉到异常，即心理活动与周围环境相协调，不出现与周围环境格格不入的现象。

3. 社会功能良好，即能胜任家庭和社会角色，能在一般社会环境下充分发挥自身能力，利用现有条件实现自我价值。

不良心理状态

不良心理状态是介于健康状态与疾病状态之间的状态，是正常人群中常见的一种亚健康状态，它是由个人心理素质（如过于好胜、孤僻、敏感等）、生活事件（如工作压力大、晋升失败、被上司批评、婚恋挫折等）、身体不良状况（如长时间加班劳累、身体疾病）等因素所引起。它的特点是：

1. 时间短暂。此状态持续时间较短，一般在一周以内就能得到缓解。

2. 损害轻微。此状态对社会功能影响比较小。处于此类状态的人一般都能完成日常工作、学习和生活，只是感觉到的愉快感小于痛苦感，“很累”“没劲”“不高兴”“应付”是他们常说的词汇。

3. 能自己调整。此状态者大部分通过自我调整，如休息、聊天、运动、钓鱼、旅游、娱乐等活动方式使自己的心理状态得到改善，小部分人若长时间得不到缓解可能形成一种相对固定的状态。这小部分人应该去寻求心理医生的帮助，以使心态尽快得到调整。

出现心理障碍的状态

心理障碍是个人及外界因素造成心理状态的某一方面（或几方面）发展的超前、停滞、延迟、退缩或偏离。它的特点是：

1. 不协调性。其心理活动的外在表现与其生理年龄不相称或反应方式与常人不同，成人表现出幼稚状态（停滞、延迟、退缩），儿童出现成人行为（不均衡的超前发展），对外界刺激的反应方式异常（偏离）等等。

2. 针对性。处于此类状态的人往往对障碍对象（如敏感的事物及环境等）有强烈的心理反应（包括思维及动作行为），而对非障碍对象可能表现得很正常。

3. 损害较大。此状态对其社会功能影响较大，它可能使当事人不能按常人的标准完成某项（或某几项）社会功能。如：社交焦虑（又名社交恐惧），不能完成社交活动；锐器恐怖者不敢使用刀、剪；性心理障碍者难以与异性正常交往。

4. 需求助于心理医生。此状态者大部分不能通过自我调整和非专业人员的帮助而解决根本问题，必须在心理医生的指导下进行调整。

心理疾病的状态

心理疾病是个人及外界因素引起的个体强烈的心理反应（思维、情感、动作行为、意志）并伴有明显的躯体不适感，是大脑功能失调的外在表现。

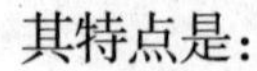

其特点是：

1. 强烈的心理反应。可出现思维判断上的失误、思维敏捷性的下降、记忆力下降、头脑黏滞感、空白感、强烈自卑感及痛苦感、缺乏精力、情绪低落或忧郁、紧张焦虑、行为失常（如重复动作、动作减少、退缩行为等）、意志减退，等等。

2. 明显的躯体不适感。中枢控制系统功能失调可引起人体个个系统功能失调：影响消化系统可出现食欲不振、腹部胀满、便秘或腹泻等症状；影响心血管系统可出现心慌、胸闷、头晕等症状；影响到内分泌系统可出现女性月经周期改变、男性性功能障碍，等等。

3. 损害大。此状态患者不能或勉强完成其社会功能，但缺乏轻松、愉快的体验，痛苦感极为强烈，“哪里都不舒服”“活着不如死了好”是他们真实的内心体验。

4. 需心理医生的治疗。此状态患者一般不能通过自身调整和非心理科专业医生的治疗而康复。心理医生对此类患者的治疗一般采用心理治疗和药物治疗相结合的综合治疗手段。在治疗早期通过情绪调节药物而快速调整情绪，中后期结合心理治疗，解除心理障碍，并通过心理训练达到社会功能的恢复，提高其心理健康水平。

心理健康的标准

心理健康是指人的心理功能正常，无心理障碍或心理疾病。其实，生活中的每一个人，承担各自的社会责任，都存在不同程度的心理卫生问题。随着社会不断变革，人们的情感、思维方式、知识结构、人际关系在发生变化，引发心理问题的因素也变得多种多样。由于现代人的生活方式的改变，生活节奏的加快，一些人的盲目行为增多，加之过分追求短期效益，所以失败的概率较高，从而内心失去平衡，很容易产生心理问题。心理专家认为：一个人的心理状态常常直接影响他的人生观、价值观，直接影响到他的某个具体行为。因而从某种意义上讲，心理卫生比生理卫生显得更为重要。

面对“心病”，关键是你如何去认识它，并以正确的心态去对待它。虽然我们找心理医生看病还不能像看感冒发烧那样简单，但提高自己的心理素质，学会心理自我调节，学会心理适应，学会自助，我们每个人都可以在心理疾病发展的某些阶段成为自己的“心理医生”。要想正确判断自己的心理是否正常，那就首先要知道心理健康的标准。

国际上通用的心理健康十标准

1. 充分的安全感

安全感是人的基本需要之一，如果惶惶不可终日，人便会很快衰老。抑郁、焦虑等心理，会引起消化系统功能的失调，甚至会导致病变。

2. 充分了解自己

对自己的能力做出恰如其分的判断。如果勉强去做超越自己能力的工作，就会显得力不从心，于身心极为不利。长期超负荷的工作，会给健康带来麻烦。

3. 生活目标切合实际

由于社会生产发展水平与物质生活条件有一定限度，假如生活目标定得太高而实际又达不到，必然会产生挫折感，不利于身心健康。

4. 与外界环境保持接触

因为人的精神需要是多层次的，与外界接触，一方面可以丰富精神生活，另一方面可以及时调整自己的行为，以便更好地适应环境。

5. 保持个性的完整和和谐

个性中的能力、兴趣、性格与气质等各种心理特征必须和谐而统一，方能得到最大的施展。

6. 具有一定的学习能力

现代社会知识更新很快，为了适应新的形势，就必须不断学习新的知识，使生活和工作得心应手，少走弯路，以取得更多更大的成功。

7. 保持良好的人际关系

人际关系中有正向积极的关系，也有负向消极的关系。而人际关系的协调与否，对人的心理健康有很大的影响。

8. 能适度地表达和控制自己的情绪

人有喜怒哀乐不同的情绪体验。如果有不愉快的情绪必须释放，以求得

心理上的平衡。但不能发泄过分，否则，既影响自己的生活，又加剧了人际矛盾，于身心健康无益。

9. 有限度地发挥自己的才能与兴趣爱好

人的才能和兴趣爱好应该充分发挥出来，但前提是不能妨碍他人利益，不能损害团体利益。否则，会引起人际纠纷，徒增烦恼，无益于身心健康。

10. 在不违背社会道德规范下，个人的基本需要应得到一定程度的满足。

当然，这个满足必须合法，否则将受到良心的谴责、舆论的压力乃至法律的制裁，自然毫无心理健康可言。

在国内，判断一个人的心理是否健康，是看他（她）与大多数人，特别是与同年龄、同性别的人是否一致。

心理健康的标准包括

1. 正视现实

心理健康的人能和现实社会保持良好的接触，对周围的事物有清醒、客观的认识。既有高于现实的理想，又不沉迷于过多的幻想，对生活中的各种问题、各项苦难和矛盾，能以切实的方法去加以处理，处处表现积极进取的精神。

2. 智力正常

智力正常是一个人生活、学习和工作的基本条件。在心理咨询中，绝大多数来访者都具备这一条。通过谈话、察言观色便很容易确定来访者智力是否正常。一般不需要进行心理测验。

3. 情绪稳定乐观

情绪稳定乐观是心理健康的主要标志。这并不是说心理健康的人没有情绪低落的时候，而是说他们的积极情绪多于消极情绪，而且他们的喜怒哀乐等情绪处于相对平衡的状态。

4. 人际关系和谐

人际关系和谐是心理健康的重要标志。心理健康的人，能信任和尊重别人，设身处地地理解别人，能以恰当的方式让别人理解自己。因而，无论他或她在哪个单位，和本单位的同事关系都很融洽，对父母和家庭其他成员都很亲近。一个心理健康的人不是与别人没有任何矛盾，而是在发生矛盾时能积极地、有效地去解决，达到使别人重新理解自己的目的。

5. 行动自觉果断

这是心理健康的又一重要标志。心理健康的人做什么事情都有明确的目的，经过深思熟虑以后便果断地采取决定，不盲目、不犹豫，把自己的决定贯彻如一，说与行保持一致。这并不是不能改变决定，而是不轻易地改变决定。

6. 热爱学习、生活和工作

一个心理健康的人在任何情况下都热爱生活，感到生活非常有意义。爱学习，如爱学外语、计算机、专业知识和其他相关知识，把学习看作是生活中不可缺少的一部分；爱工作，不仅按时上下班，而且创造性地去工作，努力完成工作任务，把完成自己负责的工作看作是一种乐事。

7. 正确的“我观”也是心理健康的重要条件

正确的“我观”的意思是：知道自己的优点和缺点，对优点能积极地去发扬，对不足能自觉地去改进；不因为有优点而骄傲自大，也不因为有不足而自卑；总是知不足而努力不懈，为自己取得的成绩而愉快乐观。

上述标准的几个方面是互相联系的，它虽然和国际标准小有差异，但是原则方面大体是相同的。一个人心理不健康，不一定表现在所有方面，而往往突出表现在几个方面。对照上面的心理健康的标准，你能否判断你的心理是否健康呢?

了解自己的性格类型

去过寺庙的人都知道，一进庙门首先看到的是弥勒佛笑脸迎客，在他的北面则是黑口黑脸的韦驮。相传很久以前，他们并不在同一个庙里，而是分别掌管不同的庙。弥勒佛热情快乐，所以前来朝拜的人非常多，但他大大咧咧什么都不在乎，整天丢三落四，账务搞得很混乱，经常入不敷出。而韦驮虽然管账是一把好手，但成天阴沉着脸，表情过于严肃，前来朝拜的人越来越少，最后香火几乎断绝。

佛祖四处巡察香火的时候发现了这个问题，就将他俩放在同一个庙里，由弥勒佛负责公关，笑迎八方客。而韦驮铁面无私，锱铢必较，由他负责账目。两人分工合作后，庙里香客盈门，香火大旺。

从这个故事可以看出，每个人有不同的性格，了解自己的性格是为了更自信地欣赏自己，更宽容地理解别人。你无须“克服”自己的性格，而是去善待它，了解它，并去运用它；你不再强求别人认同自己或者让自己刻意扭曲去迎合他人。在这种状态下，你才会和外界建立和谐的关系。要做到自信，首先就得判断自己是哪种性格的人。

心理学家们曾经以各自的标准和原则，对性格类型进行了分类，下面是几种有代表性的观点：

1. 从心理机能上划分，性格可分为：理智型、情感型和意志型；

2. 从心理活动倾向性上划分，性格可分为：内倾型和外倾型；

3. 从社会生活方式上划分，性格分为：理论型、经济型、社会型、审美型、宗教型；

4. 从个体独立性上划分，性格分为：独立型、顺从型、反抗型。

一位瑞典的心理专家根据性格类型进行了多年研究，把人在生活中、与人交往中的性格特点分为四类。

这四种性格类型及其特点是：

第一种：敏感型。这类人精神饱满，好动不好静，办事爱速战速决，但是行为常有盲目性，与人交往中，往往会拿出全部热情，但受挫折时又容易消沉失望。这类人最多，约占40%，在运动员、行政人员和各种职业的人中均有。

第二种：感情型。这类人感情丰富，喜怒哀乐溢于言表，别人很容易了解其经历和困难。他们不喜欢单调的生活，爱刺激，容易感情用事，讲话写信热情洋溢，在生活中喜欢鲜明的色彩，对新事物很有兴趣。他们在与人交往中容易冲动，有时易反复无常、傲慢无礼，所以与其他类型的人有时不易相处。这类人占25%，在演员、活动家和护理人员中较多。

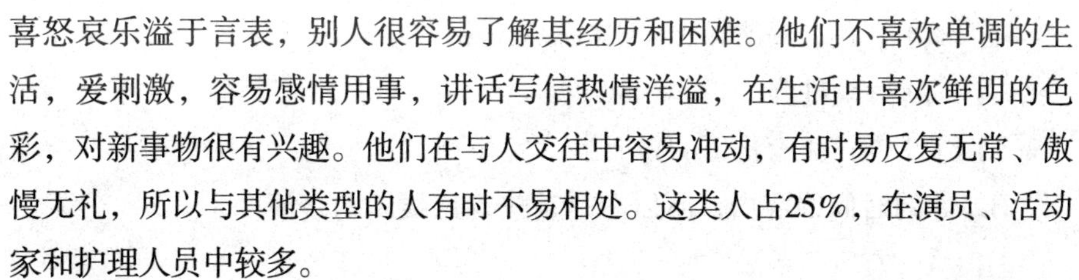

第三种：思考型。这类人善于思考，逻辑思维发达，有较成熟的观点，一切以事实为依据，一旦做出决定，能够持之以恒。生活、工作有规律，爱整洁，时间观念强，重视调查研究和精确性。但这类人有时思想僵化、教条，纠缠细节，缺乏灵活性。这类人约占25%。在工程师、教师、财务人员和数据处理人员中较多。

第四种：想象型。这类人想象力丰富，好憧憬未来，喜欢思考问题，在生活中不太注重小节，对那些不能立即了解其想法的人往往很不耐烦。他们有时行为刻板，不易合群，难以相处。这类人不多，大约只占10%，在科学家、发明家、研究人员、艺术家和作家中居多。

当然，一个人可能同时具有两种或两种以上性格类型特点，但他所具有

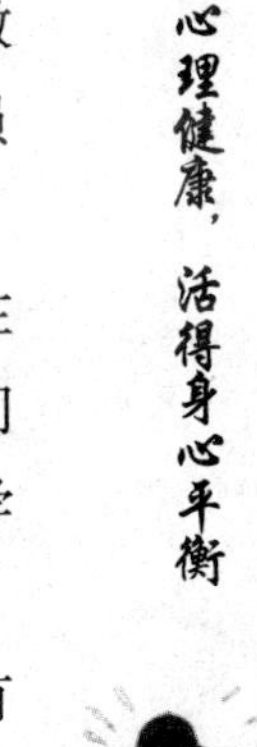

的主要特征，则代表其类型。

研究结果表明，相同类型性格的人更容易相互交往。了解自己的性格属于哪种类型，可以让人在生活和工作中扬长避短，有助于改善人际关系，使生活更加愉快。

自我性格测试

下面的测试题可以帮助你判断自己的性格属于哪一类型。每个问题中有四格，在最符合你的情况那格中填入4，其次填3，再次填2，最不符合的那一格填1。

1. 你给别人留下的深刻印象可能是：

□（A）经验丰富　□（B）热情

□（C）灵敏　□（D）知识丰富

2. 当你按计划工作时，希望这个计划能够：

□（A）取得预期效果，并且不浪费时间、精力

□（B）有趣，并能和有关人员一起进行

□（C）计划性强

□（D）能产生有价值的新成果

3. 你的时间很宝贵，所以总是首先确定要做的事情：

□（A）有无价值

□（B）能否使别人感到有趣

□（C）是否安排得当，按计划进行

□（D）是否考虑好了下一步计划

4. 对你来说，最满意的情况是：

□（A）比原计划做得多

□（B）对别人有帮助

□（C）通过思考解决了一个问题

□（D）把一个想法和另一个想法联系起来了

5. 你喜欢别人把自己看成是一个：

□（A）能完成工作任务的人

□（B）充满热情和活力的人

□（C）办事胸有成竹的人

□（D）有远见卓识的人

6. 当别人对你无礼时，你往往：

□（A）立即表现出不愉快

□（B）心情不愉快，但能很快消除

□（C）谴责对方

□（D）不去理他，考虑自己的事

填好以后，把六个问题中（A）、（B）、（C）、（D）四项的分数分别相加，得出四个总分数。分数最高的一项，就是你的性格的基本类型。即：

（A）为敏感型；（B）为感情型；（C）为思考型；（D）为想象型。

相信到此，你属于哪种性格类型，已经心中有数了。知道了自己属于哪种性格类型，更重要的是你要在工作、学习中做到扬长避短，才能在社会生活中让自己过得舒服、惬意。

多种因素影响心理健康

人的心理活动是一个极为复杂的动态过程。因此，影响心理健康，造成心理障碍的因素也是复杂、多样的，其中包括生物的、心理的、社会的等诸多因素。

有一位年近五十的女教师，到医院检查身体被发现患了乳腺癌，而且已经到了中晚期。这位老师小时候有个美好的梦想，长大了当一名舞蹈演员，可是命运却阴差阳错地让她走上了教师的岗位。于是，在做手术的前一天，她特意到鞋城买了两双舞鞋，说手术以后要学跳舞。手术虽然很顺利，但医生告诉她癌细胞已转移，她的生命很可能只有半年了。女教师说："没关系，我要把这半年当作十年来活，我要让生命的最后阶段更有意义，也更愉快。"

就这样，人们看到她跳舞、唱歌、冬泳，如果她自己不说，谁都不相信她是癌症患者。后来在社区老年活动万人竞赛中，她进入了前100名。这位女教师得病至今已经有八年时间了，还在健康快乐地活着。这就叫心理健康。

那么影响心理健康的因素究竟有哪些呢?

生物因素

1. 遗传因素

人的心理主要是在环境影响下后天形成和发展起来的，然而，人的心理发展与遗传因素有着密切的关系。根据调查统计及临床观察，许多精神疾病的发病确实有血缘的原因。同时，遗传上的易感性在一些人身上也是存在的，以遗传因素为基础的神经类型及各个年龄阶段所表现的身体特征也影响着人的心理活动。

2. 病毒感染与躯体疾病

由病菌、病毒（例如脑梅毒、斑疹伤寒、流行性脑炎）等引起的中枢神经系统的传染病会损害人的神经组织结构，导致器质性心理障碍或精神失常。这一点对儿童影响尤为严重，是造成智力迟滞或痴呆的重要原因。

3. 脑外伤及其他因素

脑外伤或化学中毒，以及某些严重的躯体疾病、机能障碍等，也是造成心理障碍与精神失常的原因。

社会因素

1. 生活环境因素

生活中的物质条件恶劣，生活习惯不当，如吸烟、酗酒、食物过量等，都会影响和损害身心健康。其次，不良的工作环境、劳动时间过长、工作不能胜任、工作单调以及居住条件不好、经济收入低等，都会使人产生焦虑、烦躁、愤怒、失望等紧张心理状态，从而影响人的心理健康。此外，生活环境的巨大变迁也会使个体产生心理应激反应，带来心理上的不适。

2. 重大生活事件与突变因素

生活中遇到的各种各样的变化尤其是一些突发事件，常常是导致心理失常或精神疾病的原因，比如家人死亡、失恋、离婚、天灾、疾病等。由于个体每经历一次突发事件，都会给其带来压力，都要付出精力去调整、适应，所以，如果在一段时间内发生的不幸事件太多或事件较严重、突然，个体的身心健康就很容易受到影响。

3. 文化教育因素

教育因素包含家庭教育和学校教育。对个人心理发展而言，早期教育和家庭环境是影响心理健康的重要因素。研究表明，个体早期所处环境如果单调、贫乏，其心理发展将会受到阻碍，并会抑制其潜能的发展；而那些受到良好照顾，接受丰富刺激的个体则可能在成年后成为佼佼者。另外，儿童与父母的关系，父母的教养态度、方式，家庭的类型等也会对个体以后的心理健康产生影响。早期与父母建立并保持良好关系，充分得到父母的爱，并受到支持、鼓励的儿童，容易获得安全感和信任感，并对其成年后的人格发展、人际交往、社会适应等方面有着积极的促进作用。

自我强度

自我强度是指个体应对内外压力的能力，这种能力与人的身心素质有关。由于遗传和环境条件的不同，人的身心素质在个体间差异很大，如身体健康者能正确感知和判断外界刺激，做出恰当反应；而患病者体质虚弱、精神萎靡，感知与判断力下降，对环境不适应。

张中行老先生是《青春之歌》里余永泽的原型。他毕业于北大，一生研究学问，由于《青春之歌》的影响，他受到巨大政治压力和道德谴责。但是他宠辱不惊，安心做学问。到了近八十岁的时候，他开始散文写作，写出了大量优秀作品。他的《负暄琐话》等集子出来后，老先生被人们戏称为“出土文物”。著名记者唐师曾说：“没看过《负暄琐话》不知道张老先生有多大学问，看了《负暄琐话》更不知道张老先生的学问了。”

张老先生一辈子淡泊名利，过着恬淡的生活，“食无求饱，居无求安”。老先生的房子干脆不装修，吃的是粗茶淡饭，穿的是最普通的中式短衫。他谈自己的养生之道时说：“我没有什么养生秘诀。要说有的话，就是我这一辈子，一不想做官，二不想发财，只是一门心思读书做学问。除此之外，我别无他求。”概括说，就是他的晚年生活很充实，这种充实就是一种健康的心理。所以人要找一些有益的事情做，大者著书立说，小者读书学习，再小者养花种草，用有益的事来充实自己的每一天。

个性中的气质特征对自我强度有明显影响，如有的人灵活，行动迅速而果断，对周围环境刺激敏感，很快会做出反应；而另一些人行动迟缓、反应慢、沉默寡言，或是注意广度和持久性差，反应强烈，手脚不停，易分心，也难适应环境。另外，性格、能力、兴趣爱好、价值观念等都对自我强度产生影响。

影响心理健康的各种因素都是互相作用的，所以一个人心理不健康的原因往往是多方面的，在进行心理咨询的时候，要全面地了解、询问才能做出正确的诊断，从而进行适当的调适和治疗。

绕过心理的陷阱

现实生活中，很多人有过这些困惑：“我怎么会这样?”“我怎么老是破坏自己的好事呢?”“我为什么始终得不到我想要的呢?”这些痛苦的呼声来自各行各业自毁前程的人们心中。

从前有位秀才第三次进京赶考，住在一个经常住的店里。考试前两天他做了三个梦，第一个梦是梦见自己在墙上种白菜，第二个梦是下雨天，他戴了斗笠还打伞，第三个梦是梦到跟心爱的表妹脱光了衣服躺在一起，但是背靠着背。

这三个梦似乎有些寓意，秀才第二天就赶紧去找算命的解梦。算命的一听，连拍大腿说：“你还是回家吧。你想想，高墙上种菜不是白费劲吗?戴斗笠打雨伞不是多此一举吗?跟表妹都脱光了躺在一张床上了，却背靠背，不是没戏吗?”

秀才一听，心灰意冷，回店收拾包袱准备回家。店老板非常奇怪地问：“不是明天才考试吗，今天你怎么就回家了?”秀才如此这般说了一番，店老板乐了：“哟，我也会解梦的。我倒觉得，你这次一定要留下来参加考试。你想想，墙上种菜不是高种(中)吗?戴斗笠打伞不是说明你这次有备无患吗?跟你表妹脱光了背靠背躺在床上，不是说明你翻身的时候就要到了吗?”

秀才一听，觉得更有道理，于是精神振奋地参加考试，居然中了个探花。

想法决定我们的生活，有什么样的想法，就有什么样的未来。

在预防或克服自毁行为上，有一个障碍必须跨越，那就是你必须先能察觉到内心推动你自取失败的力量。只要绕过了这些心灵的陷阱，你就会顺利到达成功的彼岸。

常见的心理陷阱

1．求败的性格

有些人的性格天生就倾向于自取失败。他们一再地自陷于受欺压、被打击的绝境，而且一筹莫展，就是眼前摆明了有退路、出口，他们还是视而不见，拒绝利用。

2．自恋狂

妄自尊大、过于自负、自视过高的人，通常会一头撞入自毁之门。自恋狂通常需要别人不停赞美、爱慕，该否定却肯定。为了让对方喜欢自己，他们常不假思索地答应别人的所有要求。

3．情感幼稚

以幼稚的行为引起他人的注意。如在工作场合扮小丑以引起他人的注意，如此很难得到他人的尊重，实际是一种打击自己的方式。

4．求败的认知

缺乏自信，画地为牢，总认为自己会失败，内心有错误的心理预期，人面对自己造就出的失败意境，岂有不败之理?

5．虚幻的期望

志大才疏，对自己的才能和潜力不能做出明智的估测，生活目标极不现实。不切实际的妄想，总会让人只会自取灭亡。

6．自卑过重

自卑感严重的人在自尊心作用下，有时会做出荒诞之举以证明自己的价值，结果反而自取灭亡。自卑的心理会使他们认为自己先天就不足，后天又失调，自然无法和别人竞争。

7．报复心强

报复心强者，易意气用事，心中常常满是怨怒，一旦急火攻心，常常只顾着发泄情绪而不听劝，无法泰然面对挫折，结果失去人缘，陷入麻烦中。

8. 寻求注意

喜欢出风头，只想成为别人注目的焦点，这样才能抵挡袭来的寂寞、沮丧、焦虑等不佳情绪，为了出风头往往不惜给别人留下笑料，对别人皱眉头的反应也视而不见，喜欢高谈阔论、大吹大擂，内心希望得到别人的称赞。

9. 追求刺激

有些人爱走极端，只有在将生活的步调弄得很快直至晕头转向之后，才会快乐。这样的人最好能够控制自己找乐子的激情，将自毁的概率降至最低，使自己不必借刺激麻痹自己，也能快乐生活。

10. 欺世情结

有些人总认为自己的才能不像别人想象中那样好，总担心有一天会被揭穿真相，从而内疚深重，以至于以自寻毁灭的方式来惩罚自己。比如部门的主管者可能会突然做出一个疯狂决定来证明自己根本没资格做主管。

11. 执拗多疑

心胸狭隘，整日疑神疑鬼，总在揣测别人的动机，思考同事是否在背后算计自己。这样势必会分散工作精力，影响人际关系，遭到周围人的疏远、反感和冷落。这些偏执狂自导自演的行为，最终使预言成真。

12. 中年危机

感到中年危机者，对工作生活都不满意，认为眼前没有任何挑战值得全力以赴，他们会变得死气沉沉、喜怒无常、悲观消极，从而做出自毁之举。

你只要有意识地克制自己，巧妙地绕过这些心理误区，就能赢得宁静、平和的心境，获得希望的生活状态。

防御心理亚健康

年近30的林小姐不知不觉加入了“衰老”一族。看到周围的女同事结婚、怀孕、生孩子，或是一个个跳槽另谋高就，而自己却一切老样子，她开始有了“老”的感觉。她总喜欢不厌其烦地回忆往事，每一句话都以“我从前……”开头。“我从前曾有许多兴趣爱好，现在什么都没有了，相反，对生活还有些厌恶。”对于未来，林小姐不敢去想，她常会深夜醒来或是失眠，担心自己会被“炒鱿鱼”。

在日益激烈的社会竞争中，人们的生活节奏越来越快，工作压力不断增大，再加上周围错综复杂的人际关系，常让一些人心力交瘁，处于心理亚健康状态的人越来越多。

心理亚健康状态是以频繁出现的情绪躁动、兴致低落、注意力不易集中、过分敏感或行为能力下降等表现为特征的存在状态。

心理亚健康是亚健康的重要内容之一，不妥善处理会发展成为心理障碍和心理疾病。而心理问题又是诱发亚健康问题的重要因素，所以说，一定要时刻注意自己的心态是否平衡、稳定、健康。

心理亚健康的表现状态

1. 疲劳感——“活得累”，“特别烦”，心理和社交性疲倦。
2. 焦虑感——竞争，忙碌，匆匆，担心失业、失败、失恋等。
3. 无聊感——空虚，幻想，无所事事，无助感，“不满足又不想做”。
4. 不快感——沮丧，乏力，失眠，坏心情占主导地位，生活没乐趣。

5. 忧郁感——无精打采，两眼无神，自责、心悸、食欲不振、头痛等。

6. 压力感——家庭、事业、社交、心理、身体压力等从四面八方袭来，蚕食身心健康。

7. 孤独感——没有知心朋友，麻木冷漠，失去目的，有一种空虚感。

8. 失落感——“英雄无用武之地”，“有劲无处使”，有“失魂落魄”感。

9. 恐惧感——对疾病、死亡、神鬼或做过的错事，有恐惧感或犯罪感。

不容忽视心理亚健康……………→

心理亚健康状态导致人们不能保有正常的生活质量和良好的工作状态，在家庭生活、情感交流、人际沟通、知识学习、精细操作、创造性劳动等方面，无不使人体会到困惑、压抑、郁闷等不健康的心理感受，从而使得家庭生活失调、工作效率低下、学习成绩滑坡、人际交往困难等不良现象频频出现，严重妨碍了人们的生活、学习、工作，因此要引起重视。

王先生在一家咨询公司上班，近来经常无精打采，“太累了”几乎成了他的口头禅。最近单位要推行中层管理者竞争上岗，身为部门经理的他几乎夜夜失眠、头痛，工作丢三落四。一天早晨上班的时候，他因为心不在焉地开着车，前面已经是红灯了还不踩刹车，结果造成了汽车追尾，花了上千元的赔偿费不说，下午到公司还挨了领导的批评。

像王先生这样处于心理亚健康状态的人不在少数。心理亚健康人群个性上一般比较好强，对自己有很高的要求，甚至过分追求完美，工作量也比一般人要大，社会对他们的期望值往往很高，因而承受的压力也比一般人大。从职业上说，他们主要集中在教师、医生、企业管理人员等群体中，其中女性偏多。这些人出现了心理亚健康的状况一般都不喜欢去求助心理医生，怕别人以为自己得了什么精神病。

出现心理亚健康状态是否需要就医?不少人会说：压力大导致失眠什么的很正常，过一段时间慢慢就好了，没有必要上医院。

心理专家提醒，不要忽视心理亚健康状态。如果持续两周以上症状无法消除，且已影响到工作和生活，自己又无法调节的就应该及时就医。否则，久而久之，其会导致焦虑症、抑郁症、精神障碍等心理问题或疾病。

如何消除心理亚健康状态……………→

1. 要能正视自己不健康的心理表现，不要逃避或推诿，向自己提出改变现状的要求；

2. 在遭遇挫折或失败的时候，不气馁、不妥协，采用自勉、鼓励、警醒等积极的自我暗示方法促使自己去采取有效克服困难的行动；

3. 努力培养心理保健习惯，经常反观自己的内心体验，在日常生活、学习、工作中养成对待他人和事物的积极情感，使自己在行为过程中体会愉快；

4. 不要回避困扰自己的问题，包括属于隐私范围的认识、事件、情感，主动地寻求心理学家或心理专业卫生人员的帮助，在他们的指导下采取有效的行动来克服障碍、解决问题，走出心理亚健康状态。

学做自己的心理医生

职场新人经常有这样的坦言："看着我光鲜的衣着，很多人都对我产生羡慕之情，但这只是别人的感受，我的心里像蒙了一层阴云，把快乐都挡在了外面。""你也许看我挺高兴的，每天对着同事笑，对客户笑，对领导笑。可是，只有我自己知道，这种笑是强挤出来给别人看的，那种发自内心的快乐，似乎离我已经很遥远了……"

有调查显示，参加工作未满五年的人，心理健康问题尤其严重。而第五年则是一个分水岭，这一年有心理健康问题的人的比例最高。第六年以后，有心理健康问题的人的比例会有所下降。

现代社会要求人们心理健康、人格健全，不仅要拥有良好的智商，还要有良好的情商。在出现心理问题时，人们开始重视并主动咨询和治疗，这是社会文明进步和人们文化素质提高的一种表现。心理专家说过，生活条件越好，文化层次越高，人们对心理卫生的需求也就越迫切。激烈的竞争、文化冲击等使我们的心灵越来越难以平静，很多时候调节根本就没有效果，运动不能减轻我们心中的忧虑，柔软的床不能带来安逸的睡眠，旅游不能减轻心中的疲惫，要想抚平这些心中的躁动，就要学会做自己的心理医生，帮助自己化解工作和生活的心理压力。

从理论上讲，一般的心理问题都可以进行自我调节，每个人都可以用多种形式进行自我放松，缓解自身的心理压力和排解心理障碍。面对"心病"，关键是你如何去认识它，并以正确的心态去对待它。说简单一些就是提高自己的心理调节能力，说复杂一些，就是在自己的意识里要有一个特殊的角色，拥有精神中的“第三只眼睛”，理智地观察自己情绪的变化，寻找躁动的原因。就像西方传说中每个人都拥有的“守护天使”，在关键的时刻给予自己智慧，帮助自己正确应对纷繁复杂的现实，不至于迷失方向。

具体有以下几种方法：

⊙ 多阅读关于心理方面的书籍……………→

通过阅读专业的书籍、组织小组讨论和做有针对做的思维训练，来学习一套特殊、合理、健康的思维方法，以应对压力造成的情绪困扰。

⊙ 学习适应健康的思维方式……………→

最重要的就是学习用健康的思维方式替代不健康的思维方式。例如，让两人观察同一只杯子，如果一个人注意到微小的斑点，另一个人注意到柔和的色泽，前者的思维模式可能就比较悲观，而后者对事物的积极方面更为敏感，是一种健康、乐观的思维方式。学习观察事物的积极方面就成为一种重要的训练。

⊙ 要加强修养，遇事要泰然处之……………→

要清醒地认识到生命是由旺盛走向衰弱直至消亡的，这是不可抗拒的自然规律。应养成乐观、豁达的个性，平静地接受生理上的种种变化，并随之调整生活和工作节奏，主动避免生理变化对心理造成的冲击。事实上，那些拥有宽广胸怀、遇事想得开的人是不会受到灰色心理疾病困扰的。

⊙ 多观察心理与压力的关系……………→

学做自己的心理医生，还要学会观察与心理压力有关的现象。比如你如果感到胃痛，通常的反应就是去看消化科医生。通过“第三只眼”的观察，你会看到病因可能是新来了一个苛刻的上司。

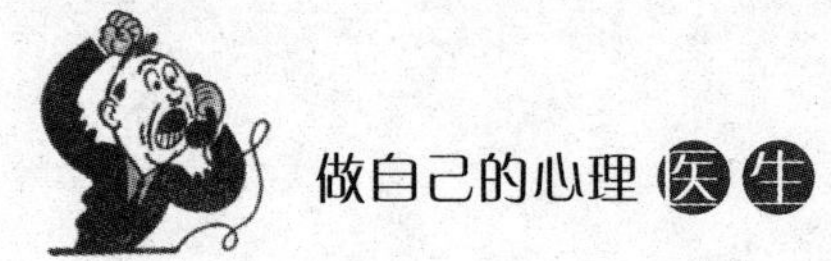

⊙ 合理安排生活，培养多种兴趣……………→

人在无所事事的时候最容易胡思乱想，所以要合理安排工作与生活。适度紧张有序的工作可以避免心理上滋生失落感，令生活更加充实，而充实的生活可以改善人的抑郁心理。爱好广泛者总觉得时间不够用，生活得丰富多彩就能驱散不健康的情绪，并能增加生命的活力，令人生更具有意义。

⊙ 尽力寻找情绪体验的机会……………→

一是多想想你所从事的事业，时时不忘创新，做出新的成绩，跃上新的台阶；二是要关心他人，与同事同甘共苦，无论悲欢离合，都是对心理的撼动，它会使人头脑清醒，心胸开阔；三是多参加公益活动，乐善好施，为子孙造福；四是最好有一项爱好，无论唱歌、弹琴，还是写作、绘画、集邮、藏币，都会使人进入一种新的境界，产生新的追求。

⊙ 保持心理宁静……………→

面对大量的信息，不要紧张不安、焦急烦躁、手足无措，要保持心情宁静，学会吸收现代科学信息的方法，提高应变能力。最后，要尽量多设想出获取它们的可行途径，并选择一个最佳行动方案，从而既能减轻个人的心理负担，又能起到事半功倍的效果。

⊙ 适当地变换环境……………→

一个人在一个缺乏竞争的环境里容易滋生惰性，过于安逸的环境会更容易引发心理失衡。具有挑战性的工作、生活，可以激发人的潜能与活力。变换环境进而变换心境，使自己始终保持健康向上的心理，避免心理失衡。

⊙ 正确认识自己和社会的关系……………→

随时调整自己的意识和行为，使之更符合社会规范。要摆正个人与集体、个人与社会的关系，正确对待个人的成功与失败。这样，就可以减少心理失衡。

第二章

改善不良心理，赢得心灵力量

摆脱自卑展现风采

对每一件事情，都可能有两种截然不同的观点，一个人照镜子，看到肌肤浅黑色，就可能有两种想法，一种是：“我这黝黑的肌肤，乌黑柔顺的秀发，真是好美呀!很特别，很有个性。”这样就产生了自信。另一种想法：“为什么我的肤色会这么黑呢?”结果就感觉悲观。其实这些价值标准，都是你自己主观所决定的，自卑是一种自我的评价，是由悲观消极的心态造成的。如果你对自己常持否定态度，那么你永远都是一个悲剧人物。一个不欣赏自己的人，是难以快乐的，一生只有悲悲戚戚伴随着他。自卑者在生命的市场上什么也买不到，他对什么都说不行，最终两手空空，但却支付了时间和生命。许多人在生活中遇到的悲剧之一，是渴望自己完美无缺。

自卑，就是自己瞧不起自己，它是一种消极的情感体验。在心理学上，自卑属于性格的一种缺陷，表现为对自己的能力和品质评价过低。自卑和自负正好是两种完全相反的心理品质，却都是生活中人们常有的心理表现。

自卑的前提是自尊，当人的自尊需要得不到满足，又不能恰如其分、实事求是地分析自己时，就容易产生自卑心理。一个人形成自卑心理后，往往从怀疑自己的能力到不能表现自己的能力，从害怕与人交往到孤独地自我封闭。本来经过努力可以达到的目标，也会认为“我不行”而放弃追求。他们看不到人生的光华和希望，领略不到生活的乐趣，也不敢去憧憬那美好的明天。

自卑心理形成的原因……………………→

1. 身体、生理方面的原因

容貌、身材以及体质等方面有明显缺陷，或者对自己本来正常的身体因某种原因而心生不满，引起自惭形秽的心理。在这种心理基础之上，如果再遇到别人的讥笑、嘲弄和冷遇，则更觉无地自容。

2. 智力、能力方面

在智力、技能、语言等方面，常常觉得低于常人，在集体活动及学习上常常处于落后地位，虽经努力但仍无法赶上，于是便自怨自艾，甚至自暴自弃。

3. 家庭方面

社会地位低下，经济境况困窘，或残缺、畸形的家庭，容易使人产生“低人一头”的心理。

4. 长期积累的挫败体验

多次的失败和挫折，会挫伤情感脆弱、意志力薄弱的人的自尊，转化为自卑心理。

5. 教育方面

上述各方面的原因，虽然都有一定的作用，但导致形成自我否定意识的关键原因则在教育方面。在家庭教育和学校教育中，批评、指责、抱怨、讽刺等常见现象，都是挫伤自尊、促成自卑的主要因素。身体、生理以及家庭等方面的缺陷，以及失败和挫折的体验，是否成为形成自卑的原因，关键取决于教育的导向作用。

自卑会把自卑的人推到不可救药的地步，自卑的人往往很容易产生怨恨和嫉妒，甚至会把对自己的不满发泄到别人的身上。一个大学生相貌很丑，家里又穷，学习成绩一般，从心底感到自卑。他很少跟人来往，性格也较孤僻，后来他总觉得周围的人看不起他、嘲笑他，就怀恨在心，连上食堂打饭都怀疑师傅故意给他少打饭。有一天晚上，他把准备好的浓硫酸向同宿舍几个睡着的同学泼去，把深埋心中的愤恨一股脑儿地发泄在同学身上，酿成了一出校园惨剧。事后，校方心理学专家与他细谈，才知道此人埋藏了许多自卑和孤独的心理。

自卑心理的表现……………→

一般来说，自卑感的产生与主客观因素及自我评价因素有密切的关系，其表现有三：

1. 胆怯封闭

一些人由于深感自己不如别人，认为与人交往或者从事某项事业必败无疑，于是就把自己封闭起来，不参与竞争，不干有风险的事，坚信“安全第一”。他们越是封闭自己，就越是对自己没有自信，以至造成不良循环。事实上，我们发现自卑的人很少会主动与人交往，在一些有激烈竞争的事业中更是难觅芳踪。

2. 自傲逼人

即人们常说的过分的自卑以过分的自尊表现出来，尤其当屈从的方式不能减轻其自卑之苦时，其就采取好斗的方式。有自卑感的人，他们比任何人更注意不让自己内心的真实想法被别人发现。因此当他们认为别人可能会发现时，便采取这种好斗的方式阻止别人的了解。人们常发现这种人动辄就会为一件微不足道的事寻找借口滋事。其实，这种矫枉过正的做法，反而暴露出其真实的内心世界。

3. 跟随大流

丧失信心之人，常对自己的决定缺乏自信，便随大流以求与他人保持一致，去应验一句“人随大流不挨罚，羊随大群不挨打”的古话。其害怕表明自己的观点，努力寻求他人的认可。我们发现对自卑者来说的一个“规律”，他们在做某一件事之前就想：“别人是不是这样的看法?我这样做会让人笑话吗?会不会被认为是出风头？”在做了事之后，其又想：“不知会不会得罪人？如果刚才不那样做就会更好，等等。”总而言之，求同心理极强。

某单位竞争激烈，大家随时有下岗的可能，年轻的技术人员越来越多，竞争压力越来越大，一个年届中年的工程师感到力不从心，产生了自卑心理，他想如果自己下岗，不知该做什么好?做小贩他不会，做清洁工又放不下架子，终日思虑以至于神经衰弱、失眠胸闷，形成抑郁症，最后竟跳楼自杀了。这个工程师从对自己能力的否定，开始走向更不好的情绪，一步步在给自己下“死亡”判决书：我不行、我没有能力、我没有前途、我没有出路……最后导致抑郁，以至于向死亡走去。

自卑的自我危害……………………→

1. 影响人的心理健康

在自卑者中，一些不良的情绪（如悲伤、恐惧等）很常见，长此以往，就会使其产生心理问题，甚至产生心理障碍。

2. 影响人的身体健康

长期的自卑会使人产生生理方面的变化，造成某些器官受损，导致各种身心疾病，如消化性溃疡、高血压等。

3. 影响人的社会适应能力

因为认知能力欠缺使人不能正确地对待问题，所以，自卑的人很难与人相处，也很难取得成功。

解放黑奴的美国总统林肯，不仅是私生子，出身微贱，且面貌丑陋，言谈举止缺乏风度，他对自己的这些缺陷十分敏感。为了补偿这些缺陷，他力求从教育方面来汲取力量，拼命自修以克服早期的知识贫乏和孤陋寡闻。他在烛光、灯光、水光前读书，尽管眼眶越陷越深，但知识的营养却对自身的缺陷做了全面补偿。他最终摆脱了自卑，并成为有杰出贡献的美国总统。贝多芬从小听觉有缺陷，耳朵全聋后还克服困难写出了优美的《第九交响曲》，他的名言“人啊，你当自助!”成为许多自强不息者的座右铭。

如何克服自卑心理

自卑的根源就是人们不喜欢用现实的标准或尺度来衡量自己，而相信或假定自己应该达到某种标准或尺度。如“我应该如此这般”“我应该像某人一样”，等等。这种追求大多脱离实际，只会滋生更多的烦恼和自卑，使自己更加抑郁和自责。下面这些途径和方法颇具操作性，有助于人们摆脱自卑，走向自信。

1. 用补偿心理超越自卑

补偿心理是一种心理适应机制。从心理学上看，这种补偿，其实就是一种“移位”，即为克服自己生理上的缺陷或心理上的自卑，而发展自己其他方面的长处、优势，赶上或超过他人的一种心理适应机制。

在补偿心理的作用下，自卑感具有使人前进的反作用力。由于自卑，人们会清楚甚至过分地意识到自己的不足，这就促使其努力学习别人的长处，弥补自己的不足，从而使其性格受到磨砺，而坚强的性格正是获取成功的心理基础。

2. 用乐观态度面对失败

在自我补偿的过程中，还须正确面对失败。人生之路，一帆风顺者少，曲折坎坷者多，成功是由无数次失败构成的。正如美国通用电气公司创始人沃特所说：“通向成功的路，即把你失败的次数增加一倍。”但失败对人毕竟是一种“负性刺激”，总会使人产生不愉快、沮丧、自卑心理。那么，如何面对、如何自我解脱，就成为能否战胜自卑、走向自信的关键。

面对挫折和失败，唯有乐观积极的心态，才是正确的选择。其一，做到坚韧不拔，不因挫折而放弃追求；其二，注意调整，降低原先脱离实际的“目标”，及时改变策略；其三，用“局部成功”来激励自己；其四，采用自我心理调适法，提高心理承受能力。

虽然有时个体不能改变“环境”的“安排”，但谁也无法剥夺其作为“自我主人”的权利。屈原被放逐乃赋《离骚》，司马迁受宫刑乃成《史记》，就是因为他们无论什么时候都不气馁、不自卑，都有坚韧不拔的意志!有了这一点，人就会挣脱困境的束缚，走向人生的辉煌。

3. 用实际行动建立自信

征服畏惧、战胜自卑，不能夸夸其谈、止于幻想，而必须付诸实践，见于行动。建立自信最快、最有效的方法，就是去做自己害怕的事，直到获得成功。具体方法如下：

（1）突出自己，挑前面的位子坐。在各种形式的聚会中，在各种类型的课堂上，后面的座位总是先被人坐满，大部分占据后排座位的人，都希望自己不会“太显眼”，而他们怕受人注目的原因就是缺乏信心。

坐在前面能建立信心。因为敢为人先，敢上人前，敢于将自己置于众目睽睽之下，就必须有足够的勇气和胆量。久之，这种行为就成了习惯，自卑也就在潜移默化中变为自信。

（2）睁大眼睛，正视别人。眼睛是心灵的窗口，一个人的眼神可以折射出性格，透露出情感，传递出微妙的信息。不敢正视别人，意味着自卑、胆怯、恐惧；躲避别人的眼神，则折射出阴暗、不坦荡心态。正视别人等于告诉对方：“我是诚实的，光明正大的；我非常尊重你、喜欢你。”因此，正视别人，是积极心态的反映，是自信的象征，更是个人魅力的展示。

（3）昂首挺胸，快步行走。许多心理学家认为，人们行走的姿势、步伐与其心理状态有一定关系。懒散的姿势、缓慢的步伐是情绪低落的表现，是对自己、对工作以及对别人不愉快感受的反映。倘若仔细观察就会发现，身体的动作是心灵活动的结果。那些遭受打击、被排斥的人，走路都拖拖拉拉、缺乏自信。反过来，通过改变行走的姿势与速度，有助于心境的调整。人要表现出超凡的信心，走起路来应比一般人快。

（4）练习当众发言。在大庭广众之下讲话，需要巨大的勇气和胆量，这是培养和锻炼自信的重要途径。在我们周围，有很多思维敏锐、天资颇高的人，却无法发挥他们的长处参与讨论。并不是他们不想参与，而是缺乏信心。

从积极的角度来看，如果尽量发言，就会增加信心。不论是参加什么性质的会议，每次都要主动发言。有许多原本木讷或有口吃的人，都是通过练习当众讲话而变得自信起来的，如萧伯纳、田中角荣、德摩斯梯尼等。因此，当众发言是信心的“维生素”。

（5）学会微笑。大部分人都知道笑能给人自信，它是医治信心不足的良药。但是仍有许多人不相信这一套，因为他们在胆怯时，从不试着笑一下。

真正的笑不但能治愈自己的不良情绪，还能马上化解别人的敌对情绪。如果你真诚地向一个人展颜微笑，他就会对你产生好感，这种好感足以使你充满自信。正如一首诗所说：“微笑是疲倦者的休息，沮丧者的白天，悲伤者的阳光，大自然的最佳营养。”

远离猜疑享受惬意

《三国演义》我们都非常熟悉了，其中有这样一个故事：曹操刺杀董卓失败后，与陈宫一起逃到世交吕伯奢家。吕伯奢见曹操到来，想杀一头猪款待他，可是曹操因听到磨刀之声，又听说要“缚而杀之”，便大起疑心，以为吕伯奢家人要杀自己。于是他不问青红皂白，拔剑误杀无辜。杀人后，曹操与陈宫急忙逃命，路遇买酒回家的吕伯奢，曹操编了个谎话骗过吕伯奢，可还是不放心，将吕伯奢也杀了。陈宫问曹操为什么杀吕伯奢，曹操说出了那句流传千古的“名言”：“宁教我负天下人，休教天下人负我!”

故事中的曹操就是因为疑心太重，而错杀了一个很好的朋友。生活中我们常会碰到一些猜疑心很重的人，他们整天疑心重重、无中生有，认为人人都不可信、不可交。如有的人见到几个同学背着他讲话，就会怀疑是在讲他的坏话；老师有时对他态度冷淡一些，又会觉得老师对自己有了看法等等。他们总觉得别人在背后说自己的坏话，或给自己使坏。他们喜欢猜疑，特别留心外界和别人对自己的态度，对别人脱口而出的一句话很可能琢磨半天，努力发现其中的“潜台词”，这样便不能轻松自然地与人交往。这样久而久之，不仅自己心情不好，也会影响到人际关系，甚至可能造成更坏的后果。

猜疑心从何而来……………→

从心理上分析，猜疑心理的产生主要有以下原因：

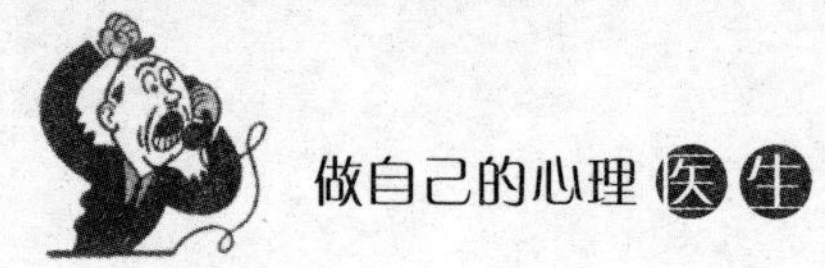

1. 相互之间缺乏了解和信任，心理不够健康

表现在心理上，对别人总有一种不放心感，常常会歪曲地理解别人善意的、正常的言行，例如别人赞扬他，他会怀疑是在挖苦、讥讽他；别人批评他，他会怀疑是攻击他；别人不理他，他又会怀疑别人是在孤立他。狭窄的心胸使他无法容纳别人对他的正确评价。

2. 作茧自缚的封闭性思路，即思想方法主观

猜疑，一般总是以某一假设目标为出发点进行封闭性思考的，就像一个圆圈，越画越粗，越画越圆。同时，它也经常让人戴上“有色眼镜”去观察人，用别人的举动来验证而不是修正自己的看法，因而常常歪曲事实，对别人产生怀疑。

3. 对爱情的理解片面，缺乏自信

爱情就其本性来说是排他的，但是，爱情并不排斥友情，友情不具有排他性，要相信自己和恋人，对自己和恋人有足够的信心。若没有这些，自然会萌生猜疑心理。

4. 听信流言

既以别人的评价作为衡量自己言行的是非标准，又很在乎别人的说长道短，而当别人的态度不明朗时，他们往往要从不利于自己的方面去猜测、怀疑，自寻烦恼。

猜疑表现在交往过程中，自我牵连倾向太重。何谓自我牵连太重，就是总觉得其他什么事情都会与自己有关，对他人的言行过分敏感、多疑。猜疑是人性的弱点之一，历来是害人害己的祸根，是卑鄙灵魂的伙伴。一个人一旦掉进猜疑的陷阱，必定处处神经过敏，事事捕风捉影，对他人失去信任，对自己也同样心生疑虑，损害正常的人际关系，影响个人的身心健康。这种人心有疑惑，不愿公开，也少交心，整天闷闷不乐、郁郁寡欢。由于自我封闭，阻隔了外界信息的输入和人间真情的流露，其便由怀疑别人发展到怀疑自己、怀疑自己的能力，失去信心，变得自卑、怯懦、消极、被动。

英国哲学家培根说：“猜疑之心犹如蝙蝠，它总是在黄昏中起飞。这种心情是乱人心智的，它能使人陷入迷惘，混淆敌友，从而破坏人的事业。”

猜疑的危害

我们都知道，猜疑是一种不正常的心理状态，那么它究竟会对我们的生活产生怎样的影响呢?

1. 猜疑不利于身心健康的发展

心理学研究表明：猜疑会加重人的心理压力，使人经常处于紧张、焦虑状态，缺乏应有的安全感，久而久之，就会诱发各种疾病，身心健康遭受破坏，甚至导致悲剧的发生。

2. 猜疑使人失去朋友

具有猜疑心理的人，往往在主观上先设定他人对自己不满，带着以邻为壑的心理，必然把无中生有的所谓“事实”强加于人，甚至把别人的善意曲解为恶意，结果造成人际关系的紧张和恶化。

3. 猜疑害人又害己

猜疑进一步发展，往往使人丧失理智，形成攻击性的病态心理，对他人具有极强的对抗性，常以害人开始，以毁灭自己结束。

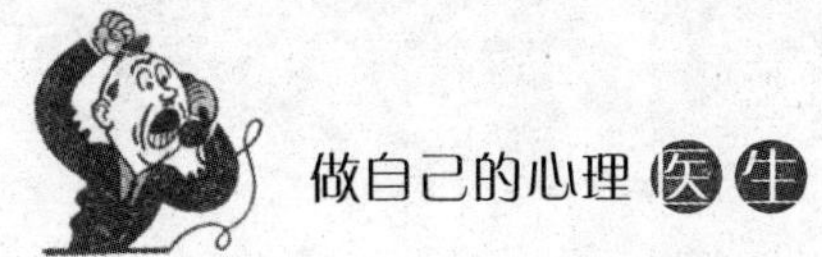

如何克制猜疑心理

1. 敞开心扉，增加心灵的透明度

只有敞开心扉，与朋友面对面地进行推心置腹的交谈，让深藏在心底的疑虑来个“大曝光”，增加心灵上的透明度，才能求得彼此之间的了解和沟通，相互增加信任，消除隔阂和误会，获得最大限度的理解。

2. 培养自信心

每个人都应当看到自己的长处，培养起自信心，相信自己会与周围的人处好人际关系，会给别人留下良好的印象。

3. 采取积极的暗示

为自己准备一面“镜子”。平时，只要自己行得正、站得直，又何必怕别人议论呢?有时不妨采用自我安慰的“精神胜利法”：别人说了我又能如何呢?只要我自己认为是对的。这样，疑心自然就会越来越小了。

4. 对别人的闲话不要盲目相信

不少闲话，都是由别人的闲话引起的。我们要对别人的闲话进行分析。生活中的“长舌妇”确实有，即使有些亲朋好友出于好心，向你通报你周围的人的一些事情，也不能一听就信，因为很难保证这些情况中没有失真的成分。

5. 进行思维转移

用理智力量克制冲动情绪的发生。当自己胡思乱想、瞎猜疑时，可转换一种思维模式，去想想其他美好的人和事物，也可冷静下来好好分析事情的原委，这样对人对事会好些。

6. 优化个人的心理品质

也就是说要加强个人道德情操和心理品质的修养，净化心灵，拓宽胸怀，以此来增强对别人的信任度并排除不良心理的干扰。

7. 要综合分析被猜疑对象的长期表现

当我们开始猜疑某个人时，最好能先综合分析一下他平时的为人、经历以及与自己多年共事或交往的表现，这样有助于将错误的猜疑消灭在萌芽状态。

克服紧张享受轻松

小文自从上高中以后，就觉得有时很不自在：家里有客人了，问个好就赶紧躲回自己的房间；走在大街上需要问个路，也紧张得脸红心跳，好半天都说不出话来。随着社交范围的扩大，这个紧张的毛病也越来越明显。

故事中的主人公为什么紧张呢？就是因为他凡事以自己为中心，总觉得大家在注视他。其实大家都是差不多的人，你不是明星，没有人会特别关注你。

工作中有很多人总会对上级、对领导产生紧张情绪，当你有事向领导反映，有话要向领导说明时，也许心里会显得有点儿紧张，心里一紧张，说话就会结结巴巴，甚至乱了思路，变得语无伦次，一些原来准备好的话也会忘记，严重影响交谈的效果。

魏军是个刚刚入伍的军人，在部队机关从事文秘工作。对一个刚刚入伍的战士来说，这是一个非常不错的工作，他自己也感到非常幸运，就非常重视这个工作，心里经常提醒自己要珍惜这个难得的机会，努力工作，给领导留下好印象。

由于工作的性质，他经常要和领导接触。在领导面前，他总是处处小心，生怕自己讲错话、做错事。可他还是出了一次差错：有一次，他由于疏忽而忘记报告一件事，结果被领导狠狠地批评了一顿。从此以后，他更加小心了，后来发展到在领导面前就紧张，就心跳加速，见了领导话也说不清楚了，也不敢在有领导的场合发言了。

“一朝被蛇咬，十年怕井绳。”有的人在过去受过某种刺激，大脑中形成了一个兴奋点，当再遇到同样的情景时，过去的经验被唤起，就会产生紧张感。紧张的心理还与人的性格有关，一般从小就害羞、胆量小，长大后也不善于交际、孤独、内向的人易产生紧张感。

随着社会的发展，每个人精神上的弦绷得越来越紧。尤其是高级职员和管理阶层的人员，工作时间已经超过了法定的范围，休闲、放松的机会也相应地大大缩水。更可怕的是，这种生活模式是整个社会竞争所要求和期待的。在商业机遇难以捕捉、工作职位不再有保障的今天，很多人都处于长时间的紧张和应激状态。

持续的紧张会使机体处于一种超敏感状态。在超敏感状态下，许多本不该引起紧张和应激反应的因素却成了每天必须要过的关口。例如：受到上级的批评、失去一个客户、考砸了一次考试等，都成了威胁到名誉和前途的恶性刺激。这样一来，身体的重要器官处于自身“自卫性”的生理反应的攻击之下，久而久之，人体免疫系统就会受到磨损，癌症和各种疾病乘虚而入。紧张刺激激素分泌，也会作用于人的消化和呼吸系统，造成溃疡和哮喘。紧张刺激代谢所产生的过氧化物可能伤及血管和心脏内膜，诱发心脏病和脑中风。所以说，慢性的紧张和应激反应是危害人们健康的毒素。

爱默生说：“恐惧较之世上任何事物更能击溃人类。”心理学研究表明：人们在日常生活中，经常会遇到各种各样的困难和障碍，为了解决问题，实现自己的目标，就必须克服困难。而困难的出现和克服，会引起人内心的不安和紧张，严重时就会给人带来恐惧，形成焦虑。

如何消除紧张心理

当今世界是一个竞争激烈、快节奏、高效率的社会，这就不可避免地给人带来许多紧张和压力。精神紧张一般分为弱的、适度的和加强的三种。人们需要适度的精神紧张，因为这是人们解决问题的必要条件。但是，过度的精神紧张，却不利于问题的解决。

有效消除紧张心理，从根本上来说：

1. 要降低对自己的要求

一个人如果十分争强好胜，事事都力求完善，事事都要争先，自然就会经常感觉到时间紧迫、匆匆忙忙。如果能够认清自己能力和精力的程度与现状，放低对自己的要求，凡事从长远和整体考虑，不过分在乎一时的得失，不过分在乎别人对自己的看法和评价，自然就会使心情松弛一些。

2. 要学会调整节奏，有劳有逸

在日常生活中要注意调整好节奏。工作学习时要思想集中，玩时要痛快。要保证充足的睡眠时间，适当安排一些文娱、体育活动。做到有张有弛，劳逸结合。

当紧张的情绪反应已经出现时，有效的调适方法应该是：

1. 坦然面对和接受自己的紧张

你应该想到自己的紧张是正常的，很多人在某种情境下可能比你更紧张。不要与这种不安的情绪对抗，而是要体验它、接受它。你要训练自己像局外人一样观察自己害怕的心理，注意不要陷入到里边去，不要让这种情绪完全控制住自己："如果我感到紧张，那我确实就是紧张，但是我不能因为紧张而无所作为。"此刻你甚至可以选择和你的紧张心理对话，问自己为什么这样紧张，自己所担心的、可能最坏的结果大致是怎样的，这样你就做到了正视并接受这种紧张的情绪，坦然从容地应对，有条不紊地做自己该做的事情。

2. 做一些放松身心的活动

具体做法是：

（1）选择一个空气清新、四周安静、光线柔和、不受干扰、活动自如的地方，取一个自我感觉比较舒适的姿势，站、坐或躺下。

（2）活动一下身体的一些大关节和肌肉，做的时候速度要均匀缓慢，动作不需要有特定的姿势，只要感到关节放开、肌肉松弛就行了。

（3）做深呼吸，慢慢吸气，然后慢慢呼出，每当呼出的时候在心中默

念"放松"。

（4）将注意力集中到一些日常物品上。比如，看着一朵花、一点烛光或任何一件柔和美好的东西，认真观察它的细微之处。点燃一些香料，微微吸它散发的芳香。

（5）闭上眼睛，着意去想象一些恬静美好的景物，如蓝色的海水、金黄色的沙滩、朵朵白云、高山流水等。

（6）做一些与当前具体事情无关的，自己比较喜爱的活动。比如游泳、洗热水澡、逛街购物、听音乐、看电视等。

化解愤怒心态和谐

生活中每个人都免不了动怒，从心理学角度看，愤怒是一种情绪，不同的人会有不同的表现方式。有些人易激动，遇到不顺心的事一触即发；有的人即便很生气，也会把愤怒压在心底；也有的人此处受气，别处发泄；还有的人自己错了却冲他人发火。其实，这些都不是处理愤怒的好方法。

现代社会人们的精神日益紧张，心理负荷不断增加，人变得脆弱易怒。不知不觉中，琐碎的事情在心里渐渐沉积，变成了挥之不去的压力。其实，使怒气徘徊不去的正是你自己的消极思维方式，一旦你意识到愤怒的情绪源于自己思考事情的方式，你就能负起控制情绪的责任。

人的愤怒情绪大多数是由沟通不畅造成的。同学之间、同事之间、夫妻之间都应尽量创造机会心平气和地表达自己的意见，同时也给对方表达意见的机会，这样才能使双方更好地彼此了解。很多时候，愤怒会掩盖一些感觉。当自己要愤怒的时候，应尽量控制自己不跟着情绪走，最好是暂时离开当时所处的环境，让自己冷静一下，冷静后往往会有新的看法，这时再处理问题，也许会更理智些。

你的愤怒情绪将会阻止你做好事情。成大事者是不会让愤怒情绪所左右的。历史上有好多这样的例子，一个人只有压下怒火，不伤和气才能成功，而凭着一时怒气行事的则大多失败了。

三国时期，关云长失守荆州，败走麦城被杀。此事激怒刘备，遂起兵攻打东吴，众臣之谏皆不听，此举实在是因小失大。正如赵云所说：“国贼，曹操，非孙权也。若先灭魏，则权自服。今操身虽毙，子丕篡盗，当因众心，早图关中……不应置魏，先与吴战。兵势一交，不得卒解，非策之上也。”诸葛亮也上表谏止曰：“臣亮等切以吴贼逞奸诡之计，致荆州有覆亡之祸；陨将星于斗牛，折天柱于楚地：此情哀痛，诚不可忘。但念迁汉鼎者，罪由曹操；移刘祚者，过非孙权。窃谓魏贼若除，则吴自宾服。愿陛下纳秦宓金石之言，以养士卒之力，别作良图，则社稷幸甚!天下幸甚!”可是刘备看完后，把表掷于地上说：“朕意已决，无得再谏。”刘备执意起大军东征，最终导致兵败。

从上面故事中就可看出，在关键时刻是不可以让怒火左右情感的。不然你会为此付出代价。

其实，并非人人都会不时地表露自己的愤怒情绪，愤怒这一习惯行为可能连你自己都不喜欢，更不用说他人感觉如何了。因此，你大可不必对它留恋不舍，它不能帮助你解决任何问题。任何一个精神愉快、有所作为的人都不会让它跟随和左右自己。

每当你以愤怒来应对他人的行为时，你会在心里说：“（周围的人）为什么不跟我一样呢?这样我就不会动怒，甚至会喜欢你。”然而，别人不会永远像你希望的那样说话、办事，实际上，他们在大多数情况下都不会按照你的意愿行事，这一现实永远不会改变。所以，每当你为自己不喜欢的人或事动怒时，你其实是不敢正视现实而让自己经受情感的折磨，从而使自己陷入一种惰性。为根本不可能改变的事物自寻烦恼真是太愚蠢了。其实，你大可不必动怒，只要你想想，别人有权以不同于你所希望的方式说话、行事，你就会对世事采取更为宽容的态度。对于别人的言行，你或许不喜欢，但绝不应动怒。动怒只会使别人继续气你，并会导致生理上、心理上的病症。真的，你完全可以做出选择——要么动怒，要么以新的态度对待世事，从而最终消除愤怒。

控制自己的愤怒情绪

人的愤怒情绪会伤害别人，也会伤害自己，控制自己的愤怒情绪就显得非常有必要。下面几种心理学方法可以尝试使用：

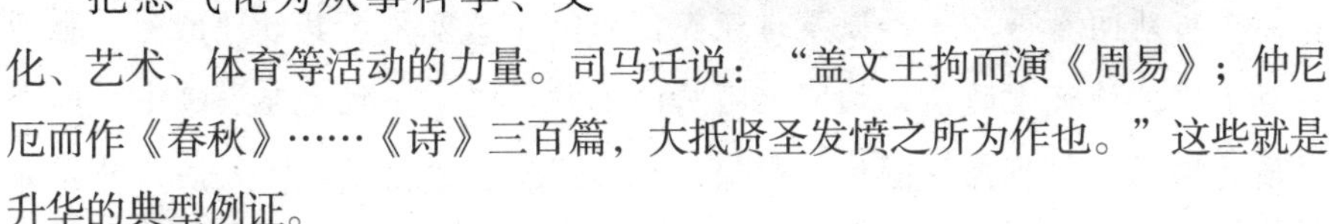

1. 意识制怒法

是以自己的道德修养、知识水平控制愤怒情绪避免发生或降低强度。以自己的内部语言为媒介，如在发怒时心中反复默念“别生气”“不该发火”等等，常会收到一定的效果。

2. 升华法

把怒气化为从事科学、文化、艺术、体育等活动的力量。司马迁说：“盖文王拘而演《周易》；仲尼厄而作《春秋》……《诗》三百篇，大抵贤圣发愤之所为作也。”这些就是升华的典型例证。

3. 躲避法

在生活中遇到愤怒的刺激时，就尽量避开，眼不见，心不烦，怒气自消。

4. 转移法

当要发怒时，有意识地听听音乐、逗逗孩子玩等，这是积极地接受另一种刺激，即转移大脑兴奋点的制怒方法。

5. 主动释放法

把脑中的不平和愤怒向认为合适的人全盘托出。平时与人相处不可能不产生意见、隔阂，经常交换意见，把话说清楚，也是平息愤怒和增强团结的方法。

摆脱恐惧勇于面对

有一个女孩儿，年近三十尚无男朋友，也没有急于结婚的打算。因长年离家在外，她平时工作、生活相当自立，喜欢一个人天马行空般的生活状态。她经常午夜独自回住处，并没有任何害怕的感觉。后来，因为变换了工作单位，在陌生的环境中感觉压力很大，加上类似地震等使人恐惧的自然灾害新闻看得较多，以及母亲突然病倒，她就莫名其妙地产生了强烈的恐惧感。她晚上睡前害怕闭上眼睛的那种黑暗，一旦处在黑暗中，脑海里便会出现一些恐怖的图片、影像，只好开着灯睁大眼睛而无法入睡，并且只要一静下来就会控制不住地胡思乱想，极大影响了睡眠。晚上睡眠不好必然影响白天的工作，她接连出了几次差错，工作前景堪忧。

吴阿姨本来生活得好好的，可最近由于哥哥患肝癌去世而惧怕肝癌到了惶惶不可终日的程度。她经常感觉自己的腹部隐隐作痛，怀疑是肝出现了问题，几次到医院检查，肝功能一切正常。在公共场所，她手不敢碰墙，见到痰盂、桌椅等就绕开走，坐公交车连扶手都不敢摸，害怕邻居来串门，一旦有邻居串门，在邻居走后，她都要反复用消毒液擦洗人家坐过、碰过的地方。

其实，恐惧心理无论是对年轻人还是对老年人的健康损害都很大，年轻人会因此影响到工作，而老年人长时间受到忧愁、烦闷、不安情绪的困扰，会加快自身的衰老和死亡速度，为整个家庭投下不和谐的阴影，影响家人的生活质量。中老年人要想健康长寿，应顺其自然，正确看待死亡，不可自寻烦恼，胡乱猜疑。

据说，死亡的肿瘤病人有三成是被活活“吓”死的，也就是精神负担太重造成的。70%～80%的肿瘤病人（其中老年人比例最大）有心理障碍，主要表现为恐惧。这种心理是在真实或想象的危险中，感受到的一种强烈而压抑的情感状态。

恐惧心理的成因

恐惧心理的产生与过去的心理感受和亲身体验有关。俗话说：“一朝被蛇咬，十年怕井绳。”有的人在过去受过某种刺激，大脑中会形成一个兴奋点，当再次遇到同样的情景时，过去的经验被唤起，就会产生恐惧感。恐惧心理还与人的性格有关。从小就害羞、胆量小，长大以后一般也不善交际，孤独、内向的人，易产生恐惧感。

恐惧心理的表现

其表现为：神经高度紧张，内心充满害怕，注意力无法集中，脑子里一片空白，不能正确判断或控制自己的举止，变得容易冲动。

克服恐惧心理

1. 主要是通过提高对事物的认知能力，扩大认知视野，判定恐惧源

认识客观世界的某些规律，认识人自身的需要和客观规律之间的关系，确立正确的目标判断，提高预见力，对可能发生的各种变化做好充分的思想准备，就会增强心理承受能力。

2. 要培养乐观的人生情趣和坚强的意志

通过学习英雄人物的事迹，用英雄人物勇敢顽强的精神激励自己的勇气。在平时的工作和生活中有意识地在艰苦的环境中磨炼自己，培养勇敢顽强的作风。这样，即使真正陷入危险情境，也不会惊慌失措，而是沉着冷静、机智应对。

3. 平时积极参加心理训练，提高、加强各项心理素质

比如：进行模拟危险情境，设置各种可能遇到的情况，进行有针对性的心理训练，形成对危险情境的心理预期状态，就能够有效地战胜紧张和不安

等不良情绪，提高心理适应和平衡性，增强信心和勇气，以无畏的精神克服恐惧心理。此外，恐惧心理还可以通过自我调适、自我训练来帮助克服。具体方法如下：

第一步：把能引起你紧张、恐惧的各种情景，由轻到重依次列成表（越具体、越体现细节越好），分别抄到不同的卡片上，把最不令你恐惧的情景放在最前面，把最令你恐惧的放在最后面，卡片按顺序依次排列好。

第二步：进行松弛训练。坐在一个舒服的座位上，有规律地深呼吸，让全身放松。进入松弛状态后，拿出上述系列卡片的第一张，想象上面的情景，想象得越逼真、越鲜明越好。

第三步：如果你觉得有点儿不安、紧张和害怕，就停下来不再想象，做深呼吸使自己再度松弛下来。完全松弛后，重新想象刚才失败的情景。若不安和紧张再次发生，就再次停止后放松，如此反复，直至卡片上的情景不再使你不安和紧张为止。

第四步：按同样方法继续下一个更使你恐惧的情景（下一张卡片）。注意，每进入下一张卡片的想象，都要以你在想象上一张卡片时不再感到不安和紧张为标准，否则，不得进入下一个阶段。

第五步：当你想象最令你恐惧的情景也不感到脸红时，便可再按由轻至重的顺序进行真实情景锻炼，若在真实情景出现不安和紧张，亦同样让自己做深呼吸放松来对抗，直至不再恐惧、紧张为止。

告别自负谦虚待人

人力资源经理李先生讲了一个他自己的经历：在他不久前工作过的一家公司里，市场部小曾高大英俊，应聘时，凭着一副好口才，赢得了主考官们的一致赏识。

但进公司没多久，问题就来了。部门里每周一次的业务例会，向来是部门领导部署工作安排、同志们交流工作心得的机会，可初来乍到的小曾却总爱在业务例会上开展辩论。讨论方案时，他总认为自己的方案无可挑剔，还把其他人的方案驳得一无是处。不仅如此，即使在日常工作中，小曾的“三寸不烂之舌”也总是发挥着极强的“战斗力”，说话显得非常强势，直至对方哑口无言、甘拜下风。

日子久了，同事们都开始疏远他，不少客户也向小曾的上司反映：“你们部门那个姓曾的小伙子倒是蛮能说的，可跟他打交道，怎么就那么别扭呢?”有“辩论狂”之嫌的人，往往会表现出超强的自信。自信不是一件坏事，但太以自我为中心，没有取长补短的意识，就成了自负，这样的人很容易在职场中吃亏。

自负心理就是盲目自大，过高地估计个人的能力，失去自知之明。人是不能没有自负心理的，尤其对青少年来说，在适当的范围内，自负可以激发他们的斗志，让他们树立必胜的信心，坚定战胜困难的信念，使他们能够勇往直前。但自负必须建立在客观现实的基础上，脱离实际的自负不但不能帮助事业成功，反而会影响自己的生活、学习、工作和人际交往，严重的还会影响心理健康。

自负的人难免心高气傲，有的自视过高，总爱抬高自己贬低别人，把别人看得一无是处，总认为自己比别人强；有的固执己见，唯我独尊，总是将自己的观点强加于人，在明知别人正确时，也不愿意改变自己的态度或接受别人的观点；自负的人也很少关心别人，与他人关系疏远。他们经常从自己的利益出发，不太顾及别人。

什么人容易自负

缺乏自我认识的人。生活中常有些人缺乏自知之明，缩小自己的短处，把自己的长处看得十分突出，对自己的能力评价过高，对别人的能力评价过低，自然就产生了自负心理。

极力维护自尊的人。一些人的自尊心特别强烈，为了维护自尊心，在交往挫折面前，常常会产生两种既相反又相通的自我保护心理。

被父母过分娇宠的人。父母的宠爱、夸赞、表扬，会使他们觉得自己“相当了不起”。

缺少生活挫折的人。人的认识来源于经验，生活中遭受过许多挫折和打击的人，很少有自负的心理；而生活中一帆风顺的人，则很容易养成自负的性格。

很久以前，有一只小老鼠，它有一面镜子，那可不是普通的镜子，而是一面奇怪的哈哈镜。不论谁照，都显得仪表非凡，而且能放大许多倍。这只小老鼠经常在这面奇特的镜子面前自我欣赏，它总觉得自己很了不起，举世无双、形象高大、力大无穷。它瞧不起同类，不愿和其他老鼠玩耍，甚至不愿同它们开口说话。这小家伙根本没有想过世界上能有谁比自己更强大有力。

小老鼠有一个饱经世故的姑妈，有一天姑妈告诫它说："好侄子，你可要注意，现在大家都说你过于骄傲，自以为是动物中的佼佼者。当心点儿，大象是不喜欢有谁在它跟前说大话的。"

有一天，小老鼠在密林深处果真遇到了大象，并且对大象出言不逊。大象泰然自若，好像无动于衷。只见它不慌不忙地吸满了一鼻子水，把水喷向狂妄的小老鼠。一股巨大的水柱把小老鼠从石头上冲了下来，小家伙被灌了一肚子水，几乎被呛死。小老鼠终于醒悟过来，它一瘸一拐地回到了家。从此它知道了世上有比它强大得多的动物，它再也不敢自命不凡，再也不对着那面宝贝镜子孤芳自赏了。

自负的小老鼠看到哈哈镜里的自己，就以为自己真的像镜子里一样高大强壮了。这不是自欺欺人吗?

而真正强大的大象却十分谦虚，一点儿都不声张。因为，强者自强，它根本不需要自夸。

自负的成因

1. 认识上的原因

如果说自卑者夸大了自己的短处，缩小了自己的长处，那么自负者则是缩小了自己的短处，夸大了自己的长处。自负者同样缺乏自知之明，同时又把自己的长处看得十分突出，对自己的能力和学识评价过高，对别人的能力和学识评价过低，自然产生自负心理。

2. 情感上的原因

一些人的自尊心特别强烈，为了保护自尊心，在交往挫折面前，常常会产生两种既相反又相通的自我保护心理，一种是自卑心理，通过自我隔绝，避免自尊心的进一步受损；另一种就是自负心理，通过自我放大，获得自卑不足的补偿。例如，一些家庭经济条件不是很好的学生，生怕被经济条件优越的同学看不起，就装清高，在表面上摆出看不起这些同学的样子。这种自负心理是自尊心过分敏感的表现。

自负的表现……………→

1. 很少关心别人，与他人关系疏远

这种人时时刻刻都从自己的利益出发，从不顾及别人，不求于人时，对人没有丝毫的热情，似乎人人都应为他服务，结果落得个门庭冷落。

2. 固执己见，唯我独尊

这种人总是将自己的观点强加于人，在明知别人观点正确时，也不愿意改变自己的态度或接受别人的观点。

3. 过度防卫，有明显的嫉妒心

这种人有很强的自尊心，无论何事都不希望或不愿意别人在其之上，对别人的成绩、成功非常嫉妒，对别人的失败幸灾乐祸，不向别人提供任何有益的信息。同时，在别人成功时，这种人常用“酸葡萄心理”来维持自己的心理平衡。

如何克服自负……………→

接受批评。接受批评是根治自负的最佳办法。自负者的致命弱点是不愿意改变自己的态度或接受别人的观点，接受批评即是针对这一特点提出的方法。它并不是让自负者完全服从于他人，只是要求他们能够接受别人的正确观点，通过接受别人的批评，改变过去固执己见、唯我独尊的形象。

与人平等相处。自负者视自己为上帝，无论在观念上，还是行动上都无理地要求别人服从自己。平等相处就是要求自负者以一个普通社会成员的身份与别人平等交往。

放弃完美知足常乐

成功，是每一个人追求向往的目标。在这个目标的推动下，人能够被激励、鞭策，能奋发向上，向美好的前方挺进。然而，如果脱离客观现实，为自己设置可望而不可即的目标，那么，结果往往使自己压抑、担心和失望。

在现实生活中，完美主义者比那些非完美主义者承受更大的精神压力，他们的生活会充满担心失败的焦虑和忧愁，不敢冒险、患得患失。他们的工作效率低于那些非完美主义者，他们并没有得到更多的成功。

完美主义者，一般来说都是好人、勤奋之人、认真之人、负责之人、可信赖依托之人、可以担事之人、可以创新和改进之人；同时，完美主义者也是最劳心劳力的人，最容易自加压力、自找紧张、自找烦恼，最容易将对自己的不满化作愤怒和自卑的人。

很多人在年轻时都有远大的理想，认为自己无论做哪一行，都必须出类拔萃，与众不同：如果当兵，就应该是将军；如果当科学家，就应该和爱因斯坦齐名；如果当作家，就应该获诺贝尔文学奖……总之，自己应该是天才，应该受到万人景仰。

很多年过去之后，我们会发现原来自己不过是个小人物，当我们发现了这一点后，也许我们会一时很难接受这个现实，我们的心会很痛，痛的过程会持续很长时间。但是我们必须认识到：这个世界上机会的确很多，但与人的数量相比仍然少得可怜，芸芸众生中最后胜出的肯定只是一小部分，百分之九十的人，注定要做平凡的小人物。

接受了这个有点儿“残酷”的现实后，我们会发现当一个小人物也不错。尽管生活中酸甜苦辣咸五味俱全，但我们过得踏实；虽然不完美，但它

有自己的意义，一种只有亲身体会后才能说出的意义。

完美主义者的表现

完美主义者的思维较为极端，或者说幼稚，这与童年时期所受到的教育、鼓励、惩罚等有关系，往往非此即彼、爱憎分明，从而认不清事情的真相，不懂得中庸之道。是真不懂得吗?不，像这样一个经常自省的人，他一定懂，但让他率性而为、鲁莽冲动行事的，往往是那种天生的追求完美的意念和情感，让他顾不得那么多。他追求完美的愿望是那么强烈，以至追求信息完美，追求胜算极大，极想在付出巨大努力后获得成功，若不能达到目的，他的情感就很容易失控，于是极端的理智变成极端的冲动，导致在许多事情发生后，陷入深深的后悔与自责之中。

完美主义者往往头脑死板，性格固执甚至乖戾，他容忍不了自己和别人的、环境的、社会的，甚至世界的不完美，他更害怕不完美给他带来的恐惧。为了消除这种恐惧，他往往对自己、对他人、对环境提出很高的要求，这些要求往往又不切实际，太过于完美而达不到，所以他经常感到沮丧、失望、挫折感很强，自然闷闷不乐、忧心忡忡，甚至唉声叹气、怨天尤人。他将这种张力投射于自己，于是自己变得胆怯、害羞、自卑；投射于别人，别人就在他眼里充满了缺点，而且和他越亲密的人，越感到紧张，因为完美主义者对越亲密的人，要求越高，而缺点越容易被完美主义者发现，所以自然摩擦不断，关系紧张，甚至闹出不应有的悲剧来；投射于环境，便觉得周围环境如地狱般令人难以忍受，牢骚、抵制与逃避便成了最常见的心理反应，时时刻刻想逃出现在的围城，但到了新的地方发现又是一座围城。

完美主义者分三种类型

一些研究人员把完美主义者分为三种类型：

1. 自我型

这类人给自己设定远大目标，并努力达到。他们容易陷入自我批判，情绪沮丧。加拿大芭蕾舞演员克伦·凯因亨誉国际芭蕾舞界，在她的职业生涯中，表演超过1万场次，但她在自传中表示，只对其中大约12场较为满意。此外，她对自己能力的第一感觉就是失望。

2. 总以为别人对自己有更高期望，于是为之不断努力型

他们容易发生饮食紊乱，乃至产生自杀的想法。他们不愿意尝试新事物，因为害怕给别人留下愚蠢的印象。当觉得别人的要求不合理或者不公平时，他们只能默默地自我调节悲伤或者愤怒的情绪。他们要在人前展示完美，所以从不请求他人帮助，一切问题都自己扛。

3. 把高标准严要求的对象扩展到其他人身上，要求他人也要十全十美型

“他们把对自己的要求也强加给别人，觉得这样才公平，”弗莱特说，“这类人往往处理不好人际关系，婚姻一般会遭遇失败。”

对于完美主义者，社会上基本是持否定态度的，在以灵活、圆滑、中庸见长，而法律、制度、规则见短的中国来说，尤其如此。完美主义者就算是凭借个人卓绝的努力取得很大的成功，恐怕他自己本身也难以幸福。因为他终生生活在紧张、愤怒和忧愁之中，这样的人生，太苦了，太累了。

完美主义者是一个极端的人格特征的典型，优点和缺点都很明显，只要懂得适度控制缺点，发扬优点，那么完美主义者的潜力是非常大的，极端之人，才能做得出惊人之事。

完美主义的危害

事实上，完美主义不仅不利于人的心理健康，而且会导致自我挫败，工作效率、人际关系、自尊心都会受到损害。

为什么完美主义者情绪紊乱、工作效率低呢?原因之一是他们以歪曲的、非逻辑的思想看待生活。

也许，在完美主义者中最普遍的思想是“要么全有，要么全无”。

一个考试一直得第一的优秀学生在一次考试中得了第二，就开始为此而懊悔不已，认为这就是自己的彻底失败，成天忧虑，觉得自己以后会越

来越不如别人，整天精神恍惚，夜里失眠，以至于茶饭不思，身体也每况愈下。这都是他过分地苛求自己，对成绩要求太完美造成的。

在人际关系中，许多完美主义者感到孤独。因为他们害怕自己的意见不被采纳，使自己的完美形象受到影响。他们为自己的言行辩解，对待别人却指指点点、评头论足。这种常常伤害别人，影响同事、朋友之间关系的做法，导致他们陷入最担心的孤独的境地。

克服完美主义

1. 列出追求完美的长处和短处，认清其危害，才能改弦易辙

2. 制定切实可行的目标，即“较好地”做好工作，而不是“最好地”

这也许对完美主义者有所帮助。在人的一生中，做出最好的成绩可能只有一次。所以，把它作为每一件事都成功的标准，是不切合实际的。相反，如果你的目标客观而又现实，你会常常感到轻松愉快，你会自然而然地感觉到自己富有创造性，自己的工作效率卓著，因而充满自信。

3. 用平和的心态来看待生活

既然大多数人的人生是平凡朴实的，那么我们就应该以一种极为珍惜的感情，去平平淡淡地生活。这样一来，我们就会发现平淡无奇的深处也蛰伏着惊人的美丽：熙熙攘攘的自行车流，提篮买菜时听到的吆喝声，厨房里锅碗瓢盆的交响曲……都是值得回味的美好乐章；天上洁白的流云，路边盛开的花朵，与你擦肩而过的少女……都是令你顾盼不舍的风景；而日常生活中，素不相识者的一个笑脸，街坊邻居的一声问候，竟会那样令你感动和陶醉。

为了避免挫折，我们应该把目标和要求定在自己能力范围之内，懂得欣赏自己已取得的成就，凡事只追求更好，而不追求最好，这样我们的心情自然就会舒畅。在人生的路上，我们没有必要总是和别人去赛跑，我们只和自己比赛，忍着疼痛奔跑，带着泪光微笑，才是真实的生命。

放下嫉妒处处美好

有一个人遇见上帝，上帝说：“现在我可以满足你任何一个愿望，但前提就是你的邻居会得到双份的报酬。”那个人高兴不已，但他转念一想：如果我得到一份田产，我邻居就会得到两份田产了；如果我要一箱金子，那邻居就会得到两箱金子了；更要命的是如果我要一个绝色美女，那么那个看起来要打一辈子光棍的家伙就能同时得到两个绝色美女……他想来想去，不知道提出什么要求才好，他实在不甘心被邻居白占便宜。最后，他一咬牙：“上帝，你挖我一只眼珠吧。”

故事中的人因为嫉妒别人，不但自己没有捞到好处，还宁可失去自己的一只眼睛。其实现实生活中，存有嫉妒之心的人并不在少数，这样的人最后只能害人害己。作家艾青说过：“嫉妒是心灵上的肿瘤!一切嫉妒的火焰，总是从燃烧自己开始的。”嫉妒者对别人惨败的兴奋往往胜过对自己成功的喜悦，对别人优胜的愤怒每每强似对自己失败的难过，而设恶计陷害他人的人终将掉进自己设计的陷阱里。

嫉妒产生的原因

1. 个人强烈的欲望所致

人，都有一种积极向上、追求美好的强烈欲望。当这种欲望得到满足和实现的时候，往往会产生一种占有欲和排他性；当这种欲望未能实现或别人比自己先实现时，便产生一种因为自己达不到而憎恨别人的激烈情感。

2. 攀比心理

因为是同学、同事、同行，同龄、同性、同时参加工作且在同一环境中，你做我也得做。而先做的人往往被嫉妒，未做或后做者不服气，这种攀比心理化为嫉妒。

3. 品德低下的人会强化嫉妒心理

社会生活中，确有少数道德品质恶劣的人，他们采取“我不行，你也休想”的处世态度，“枪打出头鸟”。自己无所为，也不让别人有所为，或看到别人的进步总有点儿不舒服，甚至制造谣言，恶意中伤，极力破坏他人的名声。

清朝雍正年间有个叫白泰官的人，是当时的八大武术家之一。一次，他在回乡之际，遇到一个正在习武的小男孩儿，年龄不大却身手不凡。白泰官看得出了神，猛然想到这小孩长大后，武艺定会超过自己，一时妒火中烧，竟在寻衅比武中置小孩于死地。那孩子断气前仰起头来，两眼盯着白泰官，咬牙切齿地说了一句：“我父亲白泰官回来一定会为我报仇的!”这话像一声霹雳让白泰官惊呆了，原来他害死的竟是自己的亲骨肉。

故事中的白泰官因为嫉妒心太重，而打死了自己的亲生骨肉，这就是嫉妒造成的严重后果，因为嫉妒失去了亲人，无论怎样追悔都无济于事。所以，我们一定要克服嫉妒心理，以一种平和的心态为人处世。

嫉妒有多种表现

诸如：红眼、吃醋、怨怒、沮丧等等，人们一旦沾上了，轻者糊涂，重者还会干出蠢事，甚至违法乱纪，触犯刑律。嫉妒的人常自寻烦恼，既损人又害己。有些嫉妒者的心中，觉得别人成功了，会相对贬低自己，便千方百计贬低他人以求自慰。在有些极端嫉妒者的眼里，感到别人的幸福是他的痛苦，别人遭殃令他舒畅，别人的才能仿佛喉中鲠物，别人成功了，他便满肚苦水。

两只老鹰，一只飞得特快，一只飞得较慢。后者非常嫉妒前者。有一次，飞得较慢的那只鹰对猎人说："前面那只飞得快的老鹰请你用箭去射死它。"猎人同意，但提出要拔一根它的羽毛去射。"好!"它欣然答应。可是第一次并未射中，于是猎人拔了第二根毛，然而，还是没射中。就这样，一根根拔下去，一根根射出去，直到它都飞不起来了，猎人大笑着把它提去美餐了一顿。

别让嫉妒危害身心

心理学家认为，嫉妒是一种病态心理，不仅反映一个人的思想情操和道德品质，且可导致某些功能性或器质性疾患。近年来，现代医学观察到，嫉妒会影响人的消化系统、神经系统、免疫系统甚至生殖系统，而引起许多症状，如头晕头痛、失眠多梦、烦躁易怒、性格多疑、情绪低落、行动不自制、食欲减退、胃肠不适、恶心呕吐、腰背酸痛等等。德国学者研究发现，妒火中烧之时，能使大脑皮层下丘脑垂体促发肾上腺皮质酮激素分泌增加，使血清化学物质减少，引起人体免疫机能紊乱、大脑功能失调、抗御疾病能力减弱，使自动免疫类疾病以及高血压、冠心病、周期性偏头痛、神经衰弱等疾病增加。另外，还有属于精神分裂症中的一种"嫉妒妄想症"。开始时，对某些人嫉妒、愤懑，继而可发展为精神上的器质性病变，出现幻觉，甚至丧失工作能力和生活能力。有的人一旦发病往往不顾后果，动辄大吵大闹，蛮横无理，需要强制性治疗。所以，嫉妒是健康的隐患，是友谊的蛀虫，是道德的堕落，一定要加以克服。

嫉妒心理的调节

1. 提高道德修养

封闭、狭隘意识使人鼠目寸光。因此，应该不断提高自身道德修养，不断地开阔自己的视野，与人为善。

2. 正确认识嫉妒

认为嫉妒是对自己的否定，对自己是威胁，损害自己的利益和“面子”，这只是一种主观臆想。一个人的成功不仅要靠自身的努力，更要靠大家的帮助，嫉妒只会损人害己。

3. 见强思齐

一个人不可能在任何时候都比别人强，人有所长也有所短。人固然应该喜欢自己、接受自己，但也要客观看待别人的长处，这样才能化嫉妒为竞争力，才能提高自己。

4. 看到自己的长处

聪明人会扬长避短，寻找和开拓有利于充分发挥自身潜能的新领域，这样在一定程度上补偿先前没能满足的欲望，缩小与嫉妒对象的差距，从而达到减弱乃至消除嫉妒心理的目的。

5. 经常将心比心

嫉妒，往往给被嫉妒者带来许多麻烦和苦恼，换位思考就会收敛自己的嫉妒言行。

6. 学会自我宣泄

积极参加各种有益的活动，最好能找知心朋友、亲人痛痛快快地说个够，他们能帮助你阻止嫉妒朝着更深的程度发展。另外，可借助各种业余爱好来宣泄和疏导嫉妒心理，如唱歌、跳舞、练书法、下棋等。

如何与有嫉妒心理的人相处

1. 走自己的路，让别人去说

与有嫉妒心理的人相处时，最好不要特意采取一些方式方法来对付他们。因有嫉妒心理的人本身就是多疑的、爱猜忌的，所以，倒不如将有嫉妒心理的人当作普通人来看待，俗话说，见怪不怪，其怪自败。与其费尽心思去琢磨，不如来个“无为而治”，落得个“无为而无不为”的效果。

2. 采取妥协和退让的必要策略

大智若愚，难得糊涂。

孔子曾说：聪明圣知，守之以愚；功被天下，守之以让；勇力抚世，守之以怯；富有四海，守之以谦。这不仅是一种单纯的策略，当一个人在鲜花与掌声中时，更需谦虚、谨慎，这不仅能防止被嫉妒，而且能从根本上调整自己。

以爱化恨，以让抑争。

以爱化恨法主要是以真诚的爱心去感化嫉妒者，从而消除和化解嫉妒。老百姓常说，“恨是离心药，爱是胶合剂”。因此，当你遇人嫉妒时，如果能够以德报怨，用爱心去感化嫉妒者，恩怨也就自然会化解了。

3. 说服、鼓励的对策

有些嫉妒是因误会而产生时，就需要进行说服和交流。否则，误会越来越深，以致严重干扰和破坏人际关系的正常交往。在说服时要注意心平气和，也要做好多次才能说服的准备。因为嫉妒者是在处于劣势时产生的心理失落和不平衡，所以对嫉妒者采取鼓励的态度十分必要，强化他的信心，改变他的错误想法，为嫉妒者提供一些实质性的帮助，使嫉妒转向公平竞争。

远离孤独面对欢笑

一名学生在一次劝解同学之间争吵的过程中，被争吵中的同学误解，争吵之中愤怒的同学用随身带的刀具将其刺成重伤，被送往医院抢救无效死亡。被刺的学生是班级的学生干部。原来上午课间休息的时候，几个同学在一起聊天，班里另外一个同学以为大家在说他坏话，就与聊天的同学争吵起来，并动了手。几名班干部见状就上前劝解，该同学拿出随身带着的刀具刺进了劝架的一个同学的身体。伤人的学生17岁，性格比较孤僻，平时很少与其他同学有交流，对于他随身带着刀具上学，同学们也不知情。

弗吉尼亚理工大学发生的枪击案使全美震惊，来自韩国的23岁学生赵承辉在弗吉尼亚理工大学英语专业读四年级，住在大学校园内。他1984年1月出生在韩国，1992年随父母去了美国。赵承辉在移民后很难适应周围的环境，造成性格十分孤僻，过着独来独往的生活，非常不合群，从不参加韩国人学生会组织的聚会，韩国学生几乎没有认识他的。

从以上两例事件中可以看出性格孤僻的害处。孤僻是指孤独怪僻而不合群的人表现出来的一种心理缺陷。孤僻与孤独不同，孤独是指孤单寂寞的心态，通常渴望与人交往，也不存在厌烦他人和对他人有戒备的心理，在与人交际时一切如常，绝不会有做作的样子和使人感到不舒服的表现；而孤僻则是一种人格表现缺陷，尽管自视清高，常显出一副瞧不起人的样子，但内心软弱，害怕被人伤害，因而不愿与人交往，在不得不与人交际时，也显得行为怪僻、奇特、做作，常会给人一种神经质的感觉。

⊙ 孤僻的成因

1. 幼年的创伤经验

研究表明，父母离婚是威胁当代儿童精神健康的重要因素之一。此外，父母的粗暴对待，伙伴的欺负、嘲讽等不良刺激，使儿童过早地有了烦恼、忧虑、焦虑不安的不良体验，这会使他们产生消极的心理，甚至诱发心理疾病。缺乏母爱或父母过于严厉、粗暴的教育方式，得不到家庭的温暖，会使孩子变得畏畏缩缩、自卑冷漠、过分敏感、不相信任何人，最终形成孤僻的性格。

2. 交往中的挫折

由于缺乏必要的社会交际技能和方法，所以他们在人际交往中遭到拒绝或打击，如耻笑、埋怨、训斥，使他们的自主性受到伤害，便把自己封闭起来。越不与人接触，他们的社会交往能力就越得不到锻炼，结果就越孤僻。

⊙ 性格孤僻的表现

孤僻常表现为独来独往、离群索居，对他人怀有厌烦、戒备和鄙视的心理；凡事与己无关、漠不关心，一副自我禁锢的样子；如果与人交往，也会缺少热情和活力，显得漫不经心、敷衍了事；有时看上去似乎也较活跃，但常给人一种做作的感觉，仿佛有点儿神经质，因而人们都不愿主动与之交往，不得不与之相处时，也会有如坐针毡之感。

孤僻常在以下几种情形中表现得更为突出：自身不受别人理睬而不得不独处时，常会有失落感和自尊心受挫感，这时就会显得更加孤僻而不愿与人交往；当与别人交往而当众受到讥讽、嘲笑、侮辱和指责时，常会产生神经过敏，以为别人都瞧不起自己，这时就会闷闷不乐、郁郁寡欢，或者恼怒异常、甩手离去；当遇到各种挫折时，常会产生虚弱感和自卑感而心灰意冷，这时就会自我孤立起来，闭门谢客，拒人于千里之外。如果这些情景不明显或不存在，尽管时常也会流露出孤僻征兆，但一般未必有明显的自我感觉，即自己未必意识到自己有孤僻人格表现缺陷。

有一名男子因爱犬被车轧死，一时想不开，竟从自家六楼纵身跳下，不治而亡。男子从小性格就孤僻，自我封闭心理严重，不愿意和人接触。五年前，家人为他买了一只小狗，此后，这只狗就成了他唯一的朋友。自我封闭，缺乏与家人、朋友的交流和沟通，才导致他随爱犬而去。

孤僻的人一般为内向型的性格，主要表现在不愿与他人接触，缺乏同学、朋友之间的欢乐与友谊，交往需要得不到满足，内心很苦闷、压抑、沮丧，感受不到人世间的温暖，看不到生活的美好，容易消沉、颓废、不合群，缺乏群体的支持，整天提心吊胆地过日子，忧心忡忡，易出现恐惧心理。受这种消极情绪长期困扰的人，身体也会受到损伤。

克服孤僻的方法

1. 正确评价、认识自己与他人

一方面要正确认识孤僻的危害，敞开闭锁的心扉，追求人生的乐趣，摆脱孤僻的缠绕；另一方面要正确地认识别人和自己，努力发现自己的长处。孤僻者一般都不能正确地认识自己：有的自视比别人强，总想着自己的优点、长处，只看到别人的缺点、短处，自命不凡，认为不值得和别人交往；有的倾向于自卑，总认为自己不如别人，交往中怕被别人讥讽、嘲笑、拒绝，从而把自己紧紧地包裹起来，保护着脆弱的自尊心。这两种人都需要正确地认识别人和自己，多与别人交流思想、沟通感情，享受朋友间的友谊与温暖。

2. 学习交往技巧，优化性格

可看一些有关交往的书，学习交往技巧。同时多参加正常的交往活动，在活动中逐步培养自己开朗的性格。要敢于与别人交往，虚心听取别人的意见，同时要有与任何人成为朋友的愿望。这样，在每一次交往中都会有所收获，丰富了知识经验，纠正了认识上的偏差，获得了友谊，愉悦了身心，这样便会重树你在大家心目中的形象，长此以往，就会喜欢交往，变得随和了。可以从结交一个性格开朗、志趣高雅的朋友开始，处处跟着他学，并请他多多向别人介绍自己。

不再逆反宽容对人

苏联心理学家普拉图诺夫在《趣味心理学》一书的前言中，特意提醒读者请勿先阅读第八章第五节的故事。大多数读者却采取了与告诫相反的态度，首先翻看了第八章第五节的内容。这就叫心理的逆反现象。

逆反心理是指人们彼此之间为了维护自尊，而对对方的要求采取相反的态度和言行的一种不正常的心理状态。青少年中常会发现个别人就是“不受教”“不听话”，常与教育者“顶牛”“对着干”。这种与常理背道而驰，以反常的心理状态来显示自己的“高明”“非凡”的行为，往往来自逆反心理。

逆反心理表示这样的一种心理结果，即支持采取一种行动，结果却说服对方采取相反的行动。

一位男士正在向朋友述说他是如何害怕晚上玩牌回家迟了。

“你不会相信每次我都是怎样设法避免弄醒我妻子，”他说，“我每次回家总是离老远就把汽车发动机关了，靠惯性把车子停入车房；然后轻轻打开门，脱下鞋子，蹑手蹑脚地走进卧室；可是就在要上床的时候，妻子总是突然醒来，并随之给我一顿训斥。”

“我每次回家时则是故意弄出很大的声响。”他的朋友说。

“真的?”

“当然。我每次到家门口就按响喇叭，进家后再用力把门关上，然后打开房间里所有的灯，故意跺着脚走进卧室，并给我妻子一个深深的亲吻。‘嘿!艾丽丝，’我对她说，‘吻我一下好吗?”

“那她说什么？”他有点儿不大相信地问。

“她什么也没说，”他的朋友回答，“她总是假装睡着了。”

产生逆反心理的原因

1. 强烈的好奇心

当某事物被禁止时，最容易引起人们的好奇心和求知欲。尤其是在只做出禁止而又不加任何解释的情况下，浓厚的神秘色彩极易引起人们的好奇。

2. 企图标新立异

青少年人处于性格形成和寻找自我的时期，通过否定权威和标新立异可以在心理上求得自我肯定的满足感。青少年人对社会的认同不仅是简单地采取适应社会规范的方法，而且还希望社会承认他的价值和地位，从而获得与社会的认同。因此他们往往表现得偏执，好表现自己，有意采取与其他人不同的态度和行为，以引起别人的注意。

3. 特殊生活经历

比如，有的人多次失恋，便认为人世间没有真正的爱情；有的人一向循规蹈矩、与世无争，而偶然有一次受到了莫名其妙的冤枉，以至于性情大变，变得粗暴、多疑、怪僻。

这种在特定条件下，其言行与当事人的主观愿望相反，产生了与常态性质相反的逆向反应，是逆反心理的典型表现。一旦这种心态构成了心理定式，就会对人的性格产生极大的影响。他人的言行经常性地左右他的一举一动，成为他言行举止的一个基本特征。

逆反心理的危害

从结果上看，逆反心理导致的对别人的反抗，其结果都是惩罚了自己——不是拿自己的错误惩罚自己，就是拿别人的错误惩罚自己。

为了不伤害自己和自己最亲近的人，就要努力克服消极的逆反心理，在情绪冲动时要努力克制自己。

克服逆反心理的途径……………→

然而，逆反心理在本质上与创造性的个人素质有着根本区别，它往往是孤陋寡闻、妄自尊大、偏激和头脑简单的产物。我们可以通过两条途径来克服逆反心理：

1. 认识到提高文化素质、广闻博见是克服逆反心理的根本途径

一个有着广博知识的人，凭直觉就能认识到逆反心理的荒谬之处，从而采用一种更科学、更宽容的思维方式。广闻博见能使我们避免固执和偏激，而逆反心理则使我们在最终认识真理之前走了许多弯路，当我们醒悟过来时往往太迟了。

2. 逆反心理之所以大行其道，往往是利用了人们缺乏对多渠道解决问题的想象力

解决一个实际问题用一个办法就已足够，但在问题未解决之前却存在着几乎无限多的可能性。

我们的思想一旦被逆反心理控制住，那么我们的视野就会变得狭窄，因短视而显得愚蠢。它使我们无法进行正确的思考和判断，让思想仅仅是在“对着干”的轨道上盲目滑行。

当我们冷静地进行分析的时候，我们就会发现，我们所强烈反对的意见固然并不一定就是真理，但“对着干”起码也使我们的思维与对方同样狭隘。因此，对总是怀有逆反心理的人来说，努力培养起自己的想象力是十分必要的，它有助于我们开阔思路，从偏执的习惯中超脱出来。

宽容的思维方式和想象力是可以通过不断地进行自我思维训练来获得的，它能激发出我们的创造力。如果你想有所作为，就必须经常性地进行这种自我思维训练。

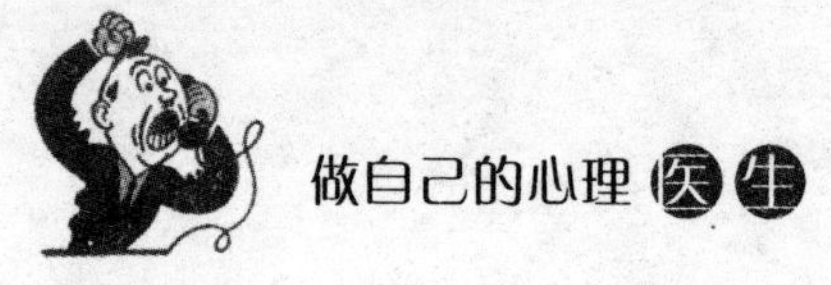

远离浮躁心平气和

三伏天，禅院的草地枯黄了一大片。

“快撒些草籽吧，好难看啊。”徒弟说。“等天凉了，”师父挥挥手，“随时。”

中秋，师父买了一大包草籽，叫徒弟去播种。秋风突起，草籽飘舞。“不好，许多草籽被吹飞了。”小和尚喊。“没关系，吹去者多半中空，落下来也不会发芽，”师父说，“随性。”

撒完草籽，几只小鸟即来啄食，小和尚又急了。“没关系，草籽本来就多准备了，吃不没，”师父继续翻着经书，“随遇。”

半夜一场大雨，弟子冲进禅房：“这下完了，草籽被冲走了。”“冲到哪儿，就在哪儿发芽，”师父正在打坐，眼皮抬都没抬，“随缘。”

半个多月过去了，原先光秃秃的禅院里一片新绿，一些未播种的院角也泛出片片绿意，弟子高兴得直拍手。师父站在禅房前，点点头：“随喜。”

在这个故事中，徒弟的心态是浮躁的，常常为事物的表象所左右，而师父的平常心看似随意，其实却是洞察了世间玄机后的豁然开朗。一句古语说：非淡泊无以明志，非宁静无以致远。然而真正能做到确实很难。在现实中存在更多的是浮躁、急于求成的心态。

浮躁是指轻浮，做事无恒心，见异思迁，心绪不宁，总想不劳而获，成天无所事事，脾气大，忧虑感强烈。

⊙ 浮躁心态的特点……………→

1. 心神不宁

面对急剧变化的氛围，不知所措，心中无底，恐慌得很，对前途毫无信心，内心充满对前途的困惑和忧虑。

2. 焦躁不安

在情绪上表现出一种急躁心态，急功近利。在与同学的攀比之中，更显出一种焦虑不安的心情。

3. 盲动盲从

由于心中不安，情绪取代理智，使得行动具有盲目性。行动之前缺乏思考，随时模仿和跟从别人，而不去想自己到底需要什么。这种病态心理使学习效率特别低。

浮躁不知何时成了中国人的一种流行病，官场上浮躁，商海里浮躁；年轻人浮躁，中年人浮躁；大学生浮躁，知识分子也浮躁。浮躁的表现：急功近利、做表面文章、不求甚解、夸夸其谈、听不得批评并爱慕虚荣。

从表面看，浮躁来自一种急切心理。从大的方面说，我们国家对实现现代化有非常强烈的愿望。中国作为一个文明古国，曾经长期位居世界领先位置。而在近代，中国落后了。但具有传统优越感的中国人是不会甘于落后的。近一百多年来，中国人一直憋着劲要赶上去。从过去的“大跃进”到今天的某些大工程、大项目中，无不有受这种情绪支配的痕迹。从个人的角度看，中国计划经济体制曾长期束缚着人们的行为，当时，人们创业、经商、择业、消费，甚至在地区及城乡间流动都要受到严格限制。中国开始进入市场经济一共也就三十几年的时间。在这三十几年中，许多人都有要将过去耽误的时光补回来的冲动。

浮躁产生的三点原因……………→

1. 高科技和信息产业的发展导致人们产生浮躁心态

因为高科技强调一个“快”字，人们不能再像过去一样，一壶酒，几碟菜，海阔天空地聊天、神游。人们追求速度、效率和解决方法的捷径的同时，往往忽略了耐心和等待，甚至不惜代价地投机。最后，人与人之间的交流变少，变得越来越自我和独立，而造成了一定程度上人与人之间的不和谐，这些笼统归为浮躁的心态所致。

2. 激烈的竞争与工作压力

如果说高科技只是一个间接原因、一个诱因，那压力与竞争便是浮躁的直接原因。竞争促使优化，优化意味着给个人提出更多的要求。人们不能坐以待毙，不能守株待兔，不能坐享其成，凡事都要靠自己的双手去争取、去获得。这是个很现实的问题。所以，冷漠也好，残酷也罢，都是浮躁的心态所导致的不良后果。

3. 畸形的快餐文化

太多理财投资类的书，太少净化心灵的读物。动不动畅销读物、排行榜、音乐小说，用新奇的标题、离奇的情节、夸张的形式、炫目的色彩夺取本已无太多抵抗力的人们的注意力。人们在物欲涌动的今天，对这些快餐文化变得束手无策，只能选择默默接受。

毛主席说：“世界上怕就怕‘认真’二字。”说的就是如果我们能定下心来认真做一件事情，就没有做不好的。

浮躁是一种冲动性、情绪性、盲动性相互交织的病态社会心理，它与艰苦创业、脚踏实地、励精图治、公平竞争是相对立的。浮躁使人失去对自我的准确定位，使人随波逐流、盲目行动，它对组织、国家及整个社会的正常运作极为有害，必须予以纠正。

克服浮躁心理的方法

1. 在攀比时要知己知彼

“有比较才有鉴别”，比较是人们获得自我认识的重要方式，然而比较要得法，知己又知彼才能知道是否具有可比性。例如，相比的两人能力、知识、技能、投入应该一样，否则就无法去比，得出的结论就会是虚假的。有了这一条，人的心理失衡现象就会大大减少，也就不会产生那些心神不宁、无所适从的感觉。

2. 要有务实精神

务实就是“实事求是”的精神，是开拓的基础。没有务实精神，开拓只是花拳绣腿，这个道理是人人应弄懂的。

3. 遇事善于思考

考虑问题应从现实出发，不能跟着感觉走，看问题既要站得高、看得远，又要切合实际。克服浮躁，脚踏实地，有容乃大，戒骄戒躁。

减少怀旧憧憬未来

一个人适当怀旧是正常的，也是必要的，但是因为怀旧而否认现在和将来，就会陷入病态。

过多的怀旧和进取人生是背道而驰的。而且对于一般人来说，怀旧的对象往往就是弱点和缺陷，是容易被人利用的“死穴”。古代的攻心术曾把怀旧对象作为一个很重要的突破点。在情商研究中，怀旧是用来达到内心平和、宁静、诗意的，是人性化的表现，如果因为怀旧阻碍了自身的发展，或对外界造成了不必要的麻烦，就必须进行调节。

病态怀旧心理形成的原因

病态怀旧心理往往是由不适应造成的。而这样的人又避免直接面对不适应这一现实，将挫折合理化，不承认根源在于自己，而把原因和责任全推给环境或变化，从而采取逃避或对立态度。这往往会造成更大的挫折和不适应，继续强化怀旧心理，逐步扩大与环境、条件或事物的隔阂，形成病态怀旧心理。

病态的社会怀旧是由社会的变迁、价值观的改变以及个人的失落感引起的异常心理，其表现在：对社会抱有偏见，认为今不如昔，甚至对过去的东西夸大美化，对现在的一切只看到不好的一面，不能客观评价。这种怀旧心理在人际关系中虽然能够不忘老朋友，但难以结识新朋友，人际圈子会大大缩小。对社会的敌意会造成对社会的排斥和隔绝，失败和挫折的概率会大大增加，阻碍对环境的适应，并对社会变革产生抵触，成功机会大为减少。

病态怀旧心理的表现及其危害

1. 依恋过去的事物

2. 依恋过去的友人

3. 依恋过去的经历

“好汉不提当年勇”，可是有的人很看重过去所取得的功绩，把所获得的奖状、勋章、奖品保存得完好无损，时常追忆当年那些辉煌的经历。相比之下，现在这些荣誉的光环正在逐渐消失，心里时常有失落感，一些幼年受溺爱或早年生活条件优越的人也有同样感觉。在怀旧中寻找童真与宁静本无可厚非，但因怀旧而引发今不如昔的感受就有危害了。病态的怀旧阻碍个体适应环境，对社会变革产生阻力。有病态怀旧心理的人很难与时代同步，这有碍于他们自身的进步与发展，应进行适当的调节。

怀旧心理的自我调适

过于怀旧的人往往是过度自尊、过度自负和过度自卑的矛盾结合体。应纠正看问题的片面性，引导参与现实生活，感受自我价值。所以治疗的关键在于增强自信和心理承受力，消除不适应。

1. 积极参与现实生活

认真读书、看报，了解并接受新生事物，积极参与改革的实践活动，要学会从历史的高度看问题，顺应时代潮流，不能老是站在原地思考问题。

2. 寻找最佳结合点

如果对立刻接受新事物有困难，可以在新旧事物之间寻找一个突破口。例如思考如何再立新功、再创辉煌，既不忘老朋友又发展新朋友，既继承传统又勇于改革等，从新旧结合做起。

3. 发挥积极功能

正常的怀旧有一种寻找宁静、维持心灵平和、返璞归真的积极功能。这方面的功能多一些，病态、消极的心态就会减少。因此，不应对怀旧行为一概反对，正常的怀旧还是要提倡的。

告别虚荣踏实生活

虚荣心是一种被扭曲了的自尊心，是自尊心的过分表现，是一种追求虚荣的性格缺陷，是人们为了取得荣誉和引起普遍注意而表现出来的一种不正常的社会情感。

形成虚荣心理的原因

1. 社会阶层及地位的影响

由于社会存在不同的阶层，各阶层所占有的资源比重不同，这就促使某些人想进入社会高阶层或占有较多的社会资源。如果因种种原因不能达到其目的，个人的自尊心受到伤害，就会启动自我调节机制，即通过虚荣心来达到心理平衡。

2. 传统社会文化的影响

例如“学而优则仕”“光宗耀祖”“出人头地”“衣锦还乡”等观念，促使一些人通过自我拔高、印象装饰等手段在别人面前显示自己。

3. 面子观念的驱动

讲面子是中国社会普遍存在的一种民族心理，对面子的珍惜和爱护是昭示和维护自己荣誉、身份、地位的直接表现。每一个中国人从小就受到维护面子的心理训练，丢面子就意味着否定自己的才能，这是万万不能接受的。于是有些人为了不丢面子，通过“打肿脸充胖子”的方式来显示自我。

4. 与戏剧化人格倾向有关

爱虚荣的人多为外向型、冲动型人格，反复善变，做作，具有浓厚、强烈的情感反应，装腔作势，缺乏真实的情感，为人处世突出自我、浮躁不安。

5. 虚荣心理的背后掩盖着的是自卑与心虚等深层心理缺陷

虚荣心较强者，大多存在自卑与心虚等深层心理缺陷，并为了弥补这些缺陷，想方设法去追求浮华。

每个人多多少少都有点儿爱慕虚荣，男人大多追求自己的名誉、地位、票子、车子等，女人更多是追求自己的衣着、容貌、老公、房子。尤其当今社会经济发展突飞猛进，人们的需求已经不仅仅是为了生存，为了解决温饱，已经不能像老子所言：“难得之货令人行妨。是以圣人为腹不为目，故去彼取此。”因为每个人都不喜欢自己在任何方面比别人低一等，在道德与法律之内的一定限度的虚荣心是可以理解的，可是过分追求它小则道德沦丧，大则走向罪恶的深渊。

虚荣心强的人，总是从某种个人动机出发，追求一种暂时的、表面的、虚假的效果，甚至弄虚作假、欺诈骗取，完全失去了从行为的社会价值来评价自己的能力，其行为目的仅仅在于取得荣誉和引起普遍注意，得到周围人的赞赏和羡慕。

在《权子·顾惜》中，耿定向谈到一个《孔雀爱尾》的故事：一只雄孔雀的长尾闪耀着金黄和青翠的颜色，任何画家都难以描绘。它生性爱忌妒，看见穿着华美的人就追啄他们。孔雀很爱惜自己的尾巴，在山野栖息的时候，总要先选择能搁置尾巴的地方才安身。一天下雨，雨水打湿了它的尾巴，捕鸟人就要到来，可是它还是珍惜地回顾自己美丽的长尾，不肯飞走，最终被捉住了。

故事隐喻人们为了没有意义的理想不惜牺牲了自己的生命和自由。如果对一般毫无价值的东西的追求，发展为似乎是美好的愿望时，虚荣心便是自尊心的过分表现。在这个意义上，虚荣心就是表现为可悲的甚至不道德的社会情感，常常使人做出没有理智的不成熟的反社会的行为。

“虚荣”一词，《辞海》释为：表面的荣耀；虚假的荣名。其最早见于柳宗元诗：“为农信可乐，居宠真虚荣。”心理学上认为，虚荣心是自尊心的过分表现，是为了取得荣誉和引起普遍注意而表现出来的一种不正常的社会情感。

虚荣心的特点

1. 普遍性

虚荣心是一种常见的心态。人人都有自尊心，当自尊心受到损害或威胁时，或某些人自尊心过强时，就可能产生虚荣心。如倾心于珠光宝气、招摇过市、哗众取宠等等。

2. 虚荣心是为了达到吸引周围人注意的效果

为了表现自己，某些人常采用炫耀、夸张，甚至戏剧性的手法来引人注目。例如用不男不女的发型来引人注目。

3. 虚荣心与赶时髦有关系

时髦是一种社会风尚，是短时间内到处可见的社会生活方式，制造者多为社会名流。虚荣心强的人为了追赶偶像、显示自己，也模仿名流的生活方式。

4. 虚荣心不同于功名心

功名心是一种竞争意识与行为，是通过扎实的工作与劳动取得功名的心理，是现代社会提倡的健康的意识与行为。而虚荣心则是通过炫耀、显示、卖弄等不正当的手段来获取荣誉与地位。

虚荣心很强的人往往是华而不实的浮躁之人。这种人在物质上讲排场、搞攀比；在社交上好出风头；在人格上很自负、嫉妒心重；在学习上不刻苦，因而是一种病态社会心理。

虚荣心的背后掩盖着的是自卑与心虚等深层心理缺陷。具有虚荣心理的人，多存在自卑与心虚等深层的心理缺陷，其追求虚荣实质上只是一种补偿作用，竭力追慕浮华，以掩饰心理上的缺陷。

虚荣心的行为表现及其危害

1. 物质生活中的虚荣行为

主要表现为一种病态的攀比行为，其信条是“你有我也有；你没有我也要有”。没有时只好打肿脸充胖子，以求得周围人的赞赏与羡慕。

2. 社会生活中的虚荣行为

主要表现为一种病态的自夸炫耀行为，通过吹牛、隐匿等欺骗手段来过分表现自己。例如有的人吹嘘自己是某要人的亲戚、朋友，有的人将自己的某些短处隐匿起来，偷梁换柱，欺世盗名。这些情况已蔓延到生活的各个方面。总之，在真实层面上制造一处炫目的“光环”，使人真假难辨，虚荣者从中得到极大的心理满足。

3. 精神生活中的虚荣行为

主要表现为一种病态的嫉妒行为。虚荣与自尊及脸面有关，自尊与脸面都是在社会活动中才能得以体现的。通过社会比较，个体精神世界中逐步确立起一种自我意识，自我意识又下意识地驱使个体与他人进行比较，以获得新的自尊感。“尺有所短，寸有所长”，有虚荣心的人否定自己有短处，于是在潜意识中超越自我，有嫉妒冲动，因而表现出来的就是排斥、挖苦、打击、疏远、为难比自己强的人，在评职、评级、评优中弄虚作假。

虚荣心是一种为了满足自己对荣誉、社会地位的欲望，而表现出来的不正常的社会情感。有虚荣心的人为了夸大自己的实际能力水平，往往采取夸张、隐匿、欺骗、攀比、嫉妒甚至犯罪等反社会的手段来满足自己的虚荣心，其危害于人于己于社会都很大，个体极有必要克服虚荣心。

⊙ 对自己的虚荣心进行积极的调适……………→

1. 要树立正确的荣辱观

对荣誉、地位、得失、面子，要持有一种正确的认识和态度。人生在世，要有一定的荣誉与地位，这是人的正常心理需要，每个人都应十分珍惜和爱护自己及他人的荣誉与地位，但是这种追求必须与个人的社会角色及才能一致。同时人也应正确看待失败与挫折，在社会生活中把握好攀比的尺度，要多立足于社会价值而不是个人价值的比较。

2. 要正确对待别人对自己的评价

虚荣心与自尊心是互相联系的，自尊心又和周围的舆论密切相关。别人的议论，他人的优越条件，都不应当是影响自己进步的外因，决定需要的是自己的努力。只有这样的自信和自强，才能不被虚荣心所驱使，成为一个高尚的人。

丢弃吝啬给予是福

吝啬，俗称小气，“一毛不拔”。吝啬与吝惜不同，吝惜指对所有财物（包括个人与公家的）十分珍惜，不浪费，不大手大脚，它是一种勤俭节约的好行为。《三国志·魏志·王肃传》中注曰：“吝惜财物，而治身不秽。”意谓珍惜财物，不铺张浪费，是一种好品德。

教育家徐特立早期在长沙办学，非常勤俭，常常将别人丢弃的半截粉笔拿来写字。他曾在诗中写道：“半截粉条犹爱惜，公家物件总宜珍。诸生不解余衷曲，反谓余为算细人。”

《三国志·魏志·曹洪传》曰：“洪家富而性吝啬。”《颜氏家训·治家》曰：“吝者，穷急不恤之谓也。”可见吝啬是一种有能力资助或帮助他人，却不肯付诸行动的行为。

吝啬行为具有以下特点

1. 自私性

吝啬之人都非常计较个人的得失，遇事总怕自己吃亏。他可以大慷公家之慨，对个人利益却丝毫不能让步，总是高估人家而低估自己，永不知足，因而也具有贪婪之心。例如果戈理笔下的守财奴泼留希金，就是个既贪婪又吝啬、形似乞丐实为富豪的怪物，他拼命地搜刮财富，宁可放在仓库里让它霉烂，也不愿救济农夫，甚至他的亲人。请看这段描写：“奶油面包和睡衣，他感激地收下了，对于女儿，却没有一点儿回送的物件，亚历山特拉·斯台班诺夫娜就只好这么空手回家。”

2. 冷漠性

吝啬之人非常看重自己的财富与利益，为了既得利益，可以六亲不认，对别人的苦楚显得冷漠无情，毫无怜悯之心，甚至落井下石。例如巴尔扎克笔下的葛朗台就是一个金钱执着狂，为了钱他可以把妻子折磨死，欺骗亲生女儿，剥夺她的财产继承权。

3. 封闭性

吝啬之人很少参与社会活动，也不关心周围的事物，他们不愿帮助别人，因此很少有知心朋友，有了困难也就很难得到他人的帮助。

吝啬心理的成因

吝啬心理的形成，与环境影响、人格成长不良有关系。从外界因素来看：

1. 社会资源的分配与占有是不均衡的

由于种种原因，人们的收入具有一定的差距，贫富关系因社会竞争与变化常常发生变化，今天你可能家财万贯，明天你也许就负债累累了。社会财富占有的不确定性，使得一些人产生对现实的焦虑心理。于是，一些人建立起一个强度很大的心理防御机制，非常关注既得利益而对周围的人漠不关心。

2. 社会上存在欺诈行为

这些欺诈行为促使吝啬之人对他人抱有强烈的戒备心，他们对少数人的不法行为极为不满，并推及全社会，认为人人都是欺诈之徒，不必对他人抱有同情心，不要自找麻烦。

3. 社会风气影响个人价值观念

人的价值观念会随着社会风气而发生变化。如果社会风气好，“人人为我，我为人人”，雷锋精神处处可见，助人观念深入人心，人人为社会慈善事业捐款，人人都善待老人、儿童，具有同情之心，那么，人们的吝啬行为就会少得多。如果社会分配不公、尔虞我诈，人人自私自利、斤斤计较，那么出现病态的吝啬心理是必然的。

4. 社会隔绝的影响

现代民居的设计以独立的二居室、三居室为主，邻里之间缺乏交流与沟通，有的“鸡犬之声相闻，老死不相往来”，滋生了人的吝啬、冷漠之心。

从主观方面看：

1. 吝啬是一种消极的自我防御体制

精神分析学家们认为：焦虑是人的行为的基本能力。弗洛伊德将焦虑分为三类：即由环境中存在的现实危险所引起的现实焦虑；由害怕控制不住本能冲动而引起的神经质焦虑；由害怕自己违背社会规范而引起的道德焦虑。焦虑令人不快乐和紧张，要设法降低或克服它，个人所做的一切行为就是为了避免或降低各种焦虑。有些人将现实生活风险估计过高，对自己的能力与实力估计过低，为了应对焦虑，就建立起自我防御机制。冷漠、吝啬、无责任感，就是这种机制的表现。

2. 吝啬是个体早期人际关系的产物

心理学家霍妮认为，人格的发展取决于儿童与父母的关系。儿童与父母之间的关系有两种典型情况：（1）儿童从父母那里得到真正的慈爱与温暖，安全的需要得到满足。（2）父母对儿童漠不关心、厌恶甚至憎恨，儿童心理上的安全需要受到打击。在前一种情况下，儿童正常发展，而后一种情况则会引起神经症。霍妮把父母破坏儿童安全感的行为称为“基本邪恶”。如对儿童冷淡，拒绝儿童，敌视儿童，对子女的偏心，不公正的惩罚，嘲笑，羞辱，行为怪异，不守信用，不许孩子和其他人接近等。如果父母以上述一种或多种行为对待儿童，那么儿童将对父母产生基本敌意，这种敌对态度最终又将折射到周围的一切事物和任何人上。可以这样认为，吝啬之人从小很少甚至从未在父母那里得到爱与关怀，他们也就不懂得如何去爱别人。他们很少与父母有情感上的交流，因此对他人的艰难处境不会产生心理共鸣，他们看到需要资助或帮助的人，往往这样想：这不关我的事。他们会心安理得地把责任推给别人。

3. 个人缺乏社会责任感

吝啬之人自私、冷漠，对社会、他人乃至亲属不负责任，或者只站在狭

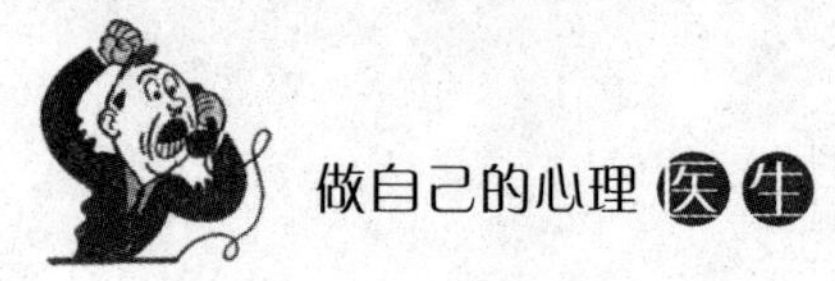

隘立场来看待自己的责任与义务。

⦿ 吝啬行为的表现与危害⋯⋯⋯⋯⋯⋯→

由于现代社会经济发展迅速，人民收入普遍增加，像葛朗台、泼留希金那样典型的吝啬鬼、守财奴在当今已很少见，吝啬行为也不仅仅限于财物，而是扩展到更广阔的领域。当今吝啬行为有如下表现：

1. 不愿借钱借物给人

如今有一个独特的现象，相对而言，越是大城市，越是收入高的地区，人们就越吝啬，越计较个人的得失；而在边远的山区村寨，人们的收入水平很低，却乐意帮助乡邻。有人认为大城市的居民来自东西南北，已没有乡下人固有的那种乡情。城市居民收入的有限性和生活的高消费，使一些人对周围的人与事变得非常小心谨慎，他们从不轻易向人许诺与施舍。早已出现的AA制，也许是经济平等、保持独立的一种做法，但是也滋生了吝啬、冷淡、自私的心理。

2. 不赡养老人

“老有所养，老有善终”“孝顺父母”，这是中华民族的传统美德。可是现在有些做子女的，相互推诿，不承担赡养父母的义务。例如四川一位八旬老人，养育五个儿女，可是儿女在父亲丧失劳动能力后，谁也不愿赡养老人，致使老人沿街乞讨、露宿街头。老人的子女个个怕吃亏，完全忘记了自己应负的责任。另外，在一些养父子关系中，也存在不赡养老人的情况。有些父母自己没有生育能力，从别处抱养一个孩子，待其长大成人，知道自己的身世后，就不顾父母的养育之恩，而将老人遗弃。

3. 遗弃女婴

中国社会历来有重男轻女的观念，“生儿弄璋，育女弄瓦”。有些人就只想生儿子，有的产前做B超，不是儿子就做“人流”；有的生女婴后，就将之遗弃；有的把儿子视为宝贝，把女儿当作累赘。这实质上是一种感情上的吝啬心理。

4. 重衣食不重教育后代

现在有些家长在生活上对孩子关照得无微不至，高级食品、衣服玩具，不管价钱有多高，都舍得去买，唯独不愿给孩子以精神上的教育。这反映了一些人素质的低下，也属一种社会病态行为。

5. 不关心周围的事物

有些人遇事，“事不关己，高高挂起，明知不对，少说为佳”。捐款、让座的助人之事他不做；遇到别人有难，他不帮；遇到歹徒，他不上。这种吝啬之人已近乎麻木不仁的冷血动物。

吝啬作为一种自私、冷漠的病态行为有极大的危害性：

1. 它破坏了人类所固有的仁爱之心、同情之心

“人非草木，孰能无情?”人具有社会性，人与人之间存在着各种互助关系，相互关心、相互帮助是人类美好的属性。吝啬之人极度自私，不给别人任何帮助。吝啬破坏了人类美好的社会关系、伦理关系与道德关系。吝啬之人也必将受到社会的谴责与遗弃。

2. 物质与精神上的吝啬心理将会对一些社会成员造成精神及肉体上的伤害

试想，被子女抛弃的老人，被父母遗弃的女娃，他们将会面对什么样的生活?一个被父母重养轻教长大的孩子，他的灵魂又是多么的空虚!一个面临困境向他人伸出求援之手的人，得到的只是白眼，他的心里有多痛苦!作为人，实在不该有吝啬之心。

吝啬心理的自我调整

既然吝啬的危害如此之大，我们应当尽快消除吝啬心理。不妨进行以下自我尝试：

领悟法

即从精神之中思考、领悟吝啬的错误。人活在世上，需要钱，但更需要亲情与友谊。小气、冷漠，只会割断亲情，使自己成为孤家寡人。赡养老人、养育子女是公民应尽的义务，否则，天理难容。过去曾受到的不公正的待遇，不必萦怀心头，而要理智看待。今天帮人一把，日后自己有难时，也定会得到他人的关心。

面对挫折勇于奋进

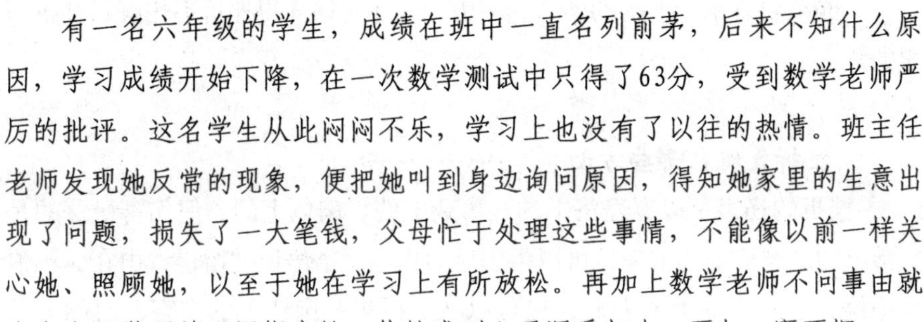

有一名六年级的学生，成绩在班中一直名列前茅，后来不知什么原因，学习成绩开始下降，在一次数学测试中只得了63分，受到数学老师严厉的批评。这名学生从此闷闷不乐，学习上也没有了以往的热情。班主任老师发现她反常的现象，便把她叫到身边询问原因，得知她家里的生意出现了问题，损失了一大笔钱，父母忙于处理这些事情，不能像以前一样关心她、照顾她，以至于她在学习上有所放松。再加上数学老师不问事由就在全班同学面前严厉指责她，使她感到心灵深受打击，更加一蹶不振。

故事中的学生就是因为经不起小小的挫折，而让心灵受到打击的。什么是挫折?挫折是成功的对立面，较之失败要严重得多。一个人做事不可能件件成功，不成功就是失败，因此不足为奇。而失败乃成功之母，如果对一般性的失败都有心理准备，失败就不会带来太多的伤害。

心理受挫的原因

心理受挫的原因包括两个方面：一是外界的恶性刺激信息过于强大；二是自身抗挫折的能力特别弱，缺乏思想准备。

精神上有巨大的反作用力，但每个个体的反作用力强弱差距甚大，并且这一反作用力不是先天就有的，而是靠后天培养锻炼获得的。这一反作用力还与人的认知水平和认知能力密切相关，与人的所处环境以及经历、阅历有关。

生长于优越环境和条件中的人，即“甜水中泡大的人”“暖房里的花朵”，这一能力显得特别差、特别弱；而在艰苦环境、困难条件中“摸爬滚打”过来的人，自然就具备强大的抵抗力、耐力。所以以往经历越是平稳、顺利的人就越容易产生心理挫折。这是心理挫折的重要内因。

人必须要有时时、事事接受挫折的准备，同时人的期望值必须适度，这样的人在心理上就具有了抗挫折的能力和耐力，一旦面临挫折，就能很快化解。

人必须要有承受挫折的能力和耐力，人还必须懂得挫折不化解、挫折积累的危害。

挫折表现在哪些方面

挫折的伤害可以有经济上的、事业上的、肉体上的，但伤害最深的是精神上的。经济上的损失，可以再去努力积累（俗语说“留得青山在，不怕没柴烧”）；事业上的失败，也可以从头再来；肉体上的伤害，时间会予以修补（人体细胞有顽强的再生能力），但这些“积累”“从头再来”“修补”需要一个最重要、最先决的条件，这就是精神必须能挺得住、熬得住。用心理学的术语说，就是要有强大的心理承受能力。如果精神不垮，一切都会“不在话下”；如果精神垮了，要想翻身，难!所以精神是抗拒挫折的关键，是最主要的动力。

挫折的危害

心理是人最重要的大脑功能，大脑正常功能的发育、发展、完善，必须要有外界的信息刺激。但不是所有的信息都是有用的、有益的，尤其是对于心理功能发育还不够成熟、完善，缺少社会阅历和经验的人更是如此。信息刺激可以分为两种：正常的、良性的和反常的、恶性的。挫折的刺激就属于后者，它会在大脑中留下深深的裂痕。这一裂痕如果不及时修复，它将会不断扩大，严重地影响大脑的整体功能：思维、记忆、判断……进一步影响到神经和内分泌；影响到全身生理功能，从而出现心悸、乏力、头晕、食无味、眠不宁、血压升高、心律失常、月经紊乱、性冷淡……更严重的后果，将会累及免疫功能，使细胞突变，癌细胞乘虚而入，癌症悄然而生。因此，挫折必须及时化解，不化解就会积累，会扩大，时间越久，化解越难，危害越大。

⊙ 应对挫折的办法………………→

怎样对待逆境，应付挫折，对每个人来说都是一个严峻的考验，需要用行动给出抉择和回答。

心理学知识和生活经验告诉我们，应对逆境、挫折的办法有下列三种：

1. 要正确认识挫折

每个人都应懂得，在人生道路上和现实生活中，由于高考落榜、事业不成、身染痼疾、工作事故、信仰破灭、家庭变故、生离死别、自然灾害，以及政治、经济、种族、宗教、伦理、道德、风俗、民情、传统等各种客观原因的影响，再加上个人诸多主观条件的限制，人们随时都会遇到大小、轻重不同的挫折。它是社会生活中的正常现象，几乎每个人都无法逃避。能认识到这一点，一旦遇到挫折，思想就会有所准备，不至于惊慌失措。同时还应该认识到，一个人一生中经受一些适当的挫折，并不完全是坏事，因为挫折可以磨砺人的意志，提高扭转逆境、克服困难、适应社会生活的能力。

2. 培养对挫折的耐受力

在挫折面前，每个人的耐受力往往不相同，甚至差别较大。比如，有的人即使接连遭受严重挫折，仍坚韧不拔，百折不挠，拼搏进取；有的人稍遇挫折就垂头丧气、一蹶不振，甚至自寻短见。实践证明，身体强壮、心胸开阔、常处逆境、有理想、有抱负、有修养的人，对挫折的耐受力强；相反，体弱多病、心胸狭窄、娇生惯养、感情脆弱、缺乏雄心壮志的人，对挫折的耐受力则弱。对挫折的耐受力，虽然与遗传因素有关，但更重要的是来自后天的教育、修养、实践、经验和锻炼。在现实生活中，每个人都可以通过自觉、有意识的锻炼，去培养、提高自己对挫折的耐受力。

3. 学会应付挫折的技巧

凡是经历过磨炼、有修养的人，每逢遇到挫折时，大都有一些灵活应变、化险为夷的办法。归纳起来，大致有以下几种：

（1）期望法。遇到挫折时，尽量少考虑暂时的得失，多想美好的未来，不断激励自己："振作起来，一切都会过去，将来一定会成功!"

（2）知足法。在挫折面前，要满足于已经达到的目标，对一时难以做到的事情不奢望、不强求，同时多看看周围境况不如自己的人。这样，就容易从烦恼、痛苦中解脱出来，为将来的成功创造良好的心理环境。

（3）补偿法。古人说："失之东隅，收之桑榆。"即在某方面的目标受挫时，不灰心气馁，以另一个可能成功的目标来代替，而不致陷入苦恼、忧伤、悲观、绝望的境地。

（4）升华法。在遭受个人婚恋失败、家庭破裂、财产损失、身患疾病等打击之后，化悲痛为力量，发愤图强，去取得学习、生活和事业的成功，这是应对挫折最积极的态度。

总之，困难、失败并不可怕，只要能直面人生、勇于拼搏，人生之船就会战胜惊涛骇浪，驶过急流险滩，到达理想的彼岸。即使一时受挫、失败，我们也终会成为人生路上勇敢的开拓者、事业上的成功者。在改革开放的大潮中，众多脱颖而出的优秀人才，他们的成才与成功，实际上就是不断战胜挫折、奋勇开拓进取的结果。

驱散空虚充实生活

空虚心理指一个人的精神世界一片空白，没有信仰、没有寄托、百无聊赖。

有人说，一个人的躯体好比一辆汽车，你自己便是这辆汽车的驾驶员，如果你整天无所事事、空虚无聊，没有理想、没有追求，那么，你就根本不知道这辆车要驶向何方，这辆车也就必定会出故障，会熄火的，这将是一件可悲的事情。

精神空虚是一种社会病，它的存在极为普遍，当社会失去精神支柱或社会价值多元化导致某些人无所适从时，或者个人价值被抹杀时，就极易出现这种病态心理。精神空虚者往往萎靡不振，缺乏社会责任感，有害于社会发展，也有害于人类发展。

空虚心理产生的原因

从社会方面来讲：

1. 精神支柱的消失

精神支柱是一种信仰，是人们在社会生活中所认可的价值体系与人生榜样。精神支柱可形成一种积极的心理暗示，能激发人不断进取，但是社会常常并不按照人们心目中想象的轨迹发展，理想的社会模式常常为一些捉摸不定的、难以预知的形态所取代。多元化的价值观往往取代了单一的、固定的价值体系。在这种情形下，原来的精神支柱可能会消失，取而代之的可能是一种让人无所适从的茫然感。

2. 个人价值的抹杀

社会的存在与发展，有赖于群体意识和社会价值，但是社会价值和群体意识又是构建在个人价值的基础之上的。没有个人的自尊、自爱、自信，就不会有社会责任感和对社会做贡献的能力。如果社会不考虑个人价值的存在，或者过多地抹杀个人存在的价值，人就会觉得活着没有什么意思。青少年若受到过于严厉的管教，成年人的成就长期得不到社会的承认，老人得不到子女的赡养，都会导致空虚心理的产生。

3. 社会交往的畸变

在现实生活中，人们需要交流、沟通与友谊，但交往有平等的原则，地位相等、志趣相投者才会有真正的友谊。在社会变迁中，有些人的政治与经济地位变化很大，这使得一些故友之间出现了鸿沟，原先无话不谈的局面已不复存在，新的社交圈正在形成。“有钱的人常常是孤独的”，因为经济地位高的人，商品意识往往特别强，并极易将这种意识渗透到与别人的交往中去，所以难以与他人建立和维持一种非功利性的比较平等真诚的友谊。他们常常怀疑别人与他们交往的动机不纯，是为了钱而来交朋友的。此外，有些人在外界常常是一副强者的形象，他们不愿让外人看到自己也有难处，因而羞于向人诉苦，只能把烦恼埋在心里，从而加重了所固有的孤独感和空虚感。

从个人角度来讲：

1. 自我贬低、缺乏自信

社会上的流浪儿、闲散人员多半属于此类。

2. 错误的认知

他们将个人价值与社会价值对立起来，只讲个人利益，不尽社会义务，一旦个人要求不能得到满足，就“万念俱灰”。这种情形在青少年与一些成年人中间较为普遍。

3. 无法满足的精神需求

在现代商品社会中，人们都在努力创造与积累财富，但是财富与其带来的快乐并非成正比例。当财富聚集到一定程度后，一些人对金钱则没有了以前的那种新鲜感、快乐感和满足感，甚至会对之产生麻木乃至厌倦心理。而当生活没有了往日奋斗追求的动力，人生也就丧失了目的与意义。一些豪赌、纵欲的人就属此类情况。

空虚心理的表现及其危害

1. 丧志综合征

即缺乏做出决定或根据自己做出的决定去行动的能力。这种病态行为的根源在于精神空虚、情绪紧张、意志薄弱，不能把握事物发展的规律，易受暗示及环境的摆布，并有酗酒、嗜烟、聚赌等不良行为。

2. 否定一切

这在青年中较为常见。儿童期向青年期转化，便使青年人对过去、对外界的关心逐渐减弱，而将注意力逐渐转向自己的内心世界。这种向内心世界的转移是由青年内在的性本能萌动所致。青年在这个时期一下子落入了暴力性的不安之中，因而有所谓的反抗、蛮横、怠慢、见异思迁、冷淡等心理表现。他们不但否定了外在世界，也否定了自己，被称为“孤独的、躁动的青春一族”，行为上自然是“虚无主义”。

3. 富贵病

多见于社会上的“款爷”和“富豪”。由于他们的身份与地位较为显赫，带来了一些意想不到的烦恼，为解决这些烦恼，他们在享乐中寻找刺激，在刺激中寻找欢乐，这也是一种空虚行为。

4. “混日子”

这是一种很常见的病态行为。所谓“混”就是随大溜，得过且过，不求有功、但求无过。实际上就是无远大理想，把社会责任推给别人，自己则坐享其成，“混混儿”自然也是空虚的。精神空虚者，一损国家，二害社会，三害自己。

空虚心理的自我调适

1. 对社会存在抱有一种较为现实的认识。

社会的跨地域性、跨时空性，决定了它存在着多种亚文化。主体文化与亚文化构成了社会形态的多元化、复杂化。这就要看主流、看社会发展的方向，绝不能以偏概全，只看到社会的消极面，从而不求上进、萎靡不振，而应通过学习，提高思想觉悟，接受现实，正视现实，改造现实。

2. 磨炼意志，提高战胜挫折的心理承受能力和把握自己命运、行为的能力。

3. 多读名人传记。

4. 积极参与社会实践，或者学习琴棋书画。

5. 运用音乐来调节自身的情绪和行为。对较严重的精神空虚症，可以采用音乐式的自我心理疗法。

消除自私天地宽广

自私是一种较为普遍的病态心理现象。“自”是指自我；“私”是指利己。“自私”指的是只顾自己的利益，不顾他人、集体、国家和社会的利益。常有自私自利、损人利己、损公肥私等说法。自私有程度上的不同，轻微一点是计较个人得失、有私心杂念、不讲公德；严重的则表现出为达到个人目的而不惜侵吞公款、诬陷他人、杀人越货、铤而走险。自私之心是万恶之源，贪婪、嫉妒、报复、吝啬、虚荣等病态心理从根本上讲都是自私的表现。自私之心，自古就有。

战国时期，齐国有一美男子邹忌。一天，另一美男子徐公来访，徐公走后，邹忌便问妻子、小妾、客人，他与徐公哪个长得更英俊，三人皆说邹忌长得好看。邹忌是一个有自知之明的人，他认为妻子是偏爱他，小妾是害怕他，客人是有求于他，他们不讲真话，都有私心杂念。所以《书·周官》就提出“以公灭私”，《礼记·礼运》也提出“天下为公”的主张。

自私心理的根源

从客观方面看，地球上各种资源的数量、种类、方式在占有和配置方面都存在许多不平衡、不合理之处；从主观方面看，个人的需求若是脱离社会规范的不合理的需求，人就可能会倾向于自私。

自私心理的成因

自私心理的成因可从客观与主观两个方面来分析。从客观方面看，我国是个人口众多、自然与社会资源（自然资源包括耕地、山林、淡水、物产、消费物资等；社会资源包括财富、权力、信息与社会关系等）十分有限的国家。社会中任何个体或群体都需要一定的资源，但由于各种复杂的情况，目前我国各项资源的数量、种类等在占有和配置方面都存在许多不平衡、不合理之处，资源的行业、部门垄断还比较严重。于是，缺乏资源的一方就用非正当的方式去交换。由此，一方面以权谋私，另一方面以钱谋私，搞权钱交易、权色交易，相互交换。另外，病态文化的沉积和社会控制不严，也是客观原因。从主观方面看，个人的需求若是脱离社会规范的不合理的需求，人就可能倾向于自私。另据有关专家的研究表明，个人的自我敏感性、价值取向与社会行为有着一定的内在联系。（所谓社会行为，是指包括助人行为在内的一切有益于社会的个体行为；自我敏感性，是指一个人关心他自己的问题，感到需要别人的帮助，以及在确实得到别人的帮助后的心理感受；价值取向，是指在社会化过程中逐渐形成的，相对稳定的评价事物的标准和态度。）高度的自我敏感性可以转化为对他人的敏感性，即“人人为我，我为人人”，但也可能成为一种只顾自己的倾向。自私自利之人往往是自我敏感性极高，以自我为中心，对社会、对他人极度依赖与索取，而不具备社会价值取向，对他人与社会缺乏责任感的人。

自私的表现与危害

自私作为一种病态社会心理，有很强的渗透性。由于商品经济的影响，一些社会公民在不同程度上都存有私心杂念。主要有以下几种表现形式：

1. 不讲公德

公德是指广大公民在社会生活中所应遵循的道德准则，可是有些人却漠然视之。如随地吐痰、乱扔果皮纸屑、乱穿马路；你这里刚坐下学习，他那里把音响开得震天响；有的居民楼，每家每户都收拾得干干净净，但走廊过道上垃圾成堆等。将自己的东西看得紧，公家的财产随意浪费，这也是不讲公德。

2. 嫉妒他人

自私的人嫉妒心强，心中只有自己，根本不能容纳别人。如果谁的本事比他强，取得了好成绩，甚至在容貌、身材等方面超过他，他都会感到难受，于是想方设法诋毁、诬陷、为难比他强的人。嫉妒心有时将人引入疯狂的状态，甚至会导致伤害别人、毁容等违法行为的发生。在恋爱婚姻家庭中常有感情自私的现象，有些人为满足自己的私欲，在恋爱婚姻中玩爱情游戏，玩弄异性，用甜言蜜语欺骗青年男女；有些人为了自己的利益，插足他人家庭，不惜充当第三者；有些人因职务升迁或成为大款后，就抛下结发妻子，另觅新欢；有些人在配偶身染重疾、处境艰难时，竟提出离婚要求；还有些人隐瞒自身缺陷用欺骗手段获取爱情，结果导致婚姻的悲剧等等。

3. 技术垄断与剽窃

过去社会上有些手艺人有专长、身怀绝技，但从不肯轻易将技术传授他人，怕“传给徒弟，饿死师傅”；有的人“传儿不传女”“传女不出嫁”；有的人则终生不授后人，将技术带入坟墓，结果使我国许多优秀的民间传统手艺销声匿迹。现在还出现了另外一种情况，有些技术人员将本企业的某些专利技术剽窃并卖给其他企业，以换取个人的好处；有的假冒著名商标；有的盗用版权，以谋私利等。

4. 以钱谋私

社会上有些人为了拉关系，走后门，不惜用金钱、礼品去贿赂有权之人，打开谋私的门户。

5. 以权谋私

这主要表现在某些掌握管理权、经营权、行政权的人身上。他们以权谋私，以致党风、政风、行业之风不正。少数人在权力的金字招牌之下为所欲为、肆无忌惮，用权力下赌注、做交易。

从上面所列几种自私行为表现可以看出，凡自私的人都有这样的病态心理，即“人不为己，天诛地灭”“宁教我负天下人，休教天下人负我”“公家的事小，自己的事大”“有权不用，过期作废”“利人者是傻子，利己者是聪明人”“不吃白不吃，吃了也白吃，白吃谁不吃”等，这些心态经社会传播，逐渐变成了一种流行的畸形心态。社会制约机制尚不健全，某些自私自利的人确实从中捞到了某些好处，更使得自私之风盛行不衰。然而，自私导致腐败，导致极端的个人主义，导致社会丑恶现象的出现，它使得社会风气败坏，是违法乱纪现象的根源。

自私的心理调适………………→

自私作为一种病态心理，可充分发挥个人的主观能动性予以克服。它的心理调适有如下方法：

1. 内省法

这是构造心理学派主张的方法，是指通过内省，即用自我观察的方法来研究自身的心理现象。自私常常是一种下意识的心理倾向，要克服自私心理，就要经常对自己的心态与行为进行自我观察。观察时要有一定的客观标准，就是社会公德与社会规范。要反省自己的过错，就必须加强学习，更新观念，强化社会价值取向，向毫不利己、专门利人的模范学习，对照榜样与模范找差距，并从自己自私行为的不良后果中看危害、找问题，总结改正错误的方式方法。

2. 多做利他行为

一个想要改正自私心态的人，不妨多做些利他行为。例如关心和帮助他人，给希望工程捐款，为他人排忧解难等。私心很重的人，可以从让座、借东西给他人这些小事情做起，多做好事，从而在行为上纠正过去那些不正常的心态，从他人的赞许中得到利他的乐趣，使自己的灵魂得到净化。

3. 回避性训练

这是心理学上以操作性反射原理为基础，以负强化为手段而进行的一种训练方法。通俗地说，凡下决心改正自私心态的人，只要意识到自私的念头或行为，就可用缚在手腕上的一根橡皮筋弹击自己，从痛觉中意识到自私是不对的，促使自己纠正。

赶走害羞人际和谐

一个大四的男生，去参加招聘会的时候没送出简历，总是在心里找借口，例如公司不好、职位不喜欢、资格不够等等。他每次去招聘会之前都在想，无论怎样，哪怕是积累经验，也要多试几家，可是到了现场时，就又退缩了，总感觉那么多人在看着自己，心里完全在预想面试的过程，万一丢脸了怎么办，心思也没有放在该应对的面试上，结果第一步总是很难迈出去。

未来是那些有闯劲、有冲劲的人的，所以必须改变这种羞涩的坏习惯。

在面对陌生人或在一个不熟悉的环境中时，胆小害羞的人往往显得局促不安，不能与人坦率自然地交往，同时也让旁边的人感到不舒服；当遇到不熟悉但认识的同学，胆小害羞的人常常因为不好意思而没有与之打招呼，结果可能会让人误解为高傲、目中无人，从而影响了人际关系；当一项新的任务摆在面前的时候，胆小退缩的人总是缺乏信心，认为自己可能胜任不了这项任务，就会放弃或逃避，于是可能就比其他人少了很多发展的机遇；胆小害羞的人总是过于在乎别人的评价，对于别人的话过于敏感，所以别人的一句否定或批评，可能就会让他闷闷不乐、耿耿于怀，从而影响了自己的心情；无论在学习上还是生活上，胆小退缩的人在追求目标时，总是缺乏主动性、勇气和信心，所以可能错过了原本属于自己的成功和幸福。

害羞的成因

1. 先天原因

有些人生来性格内向，气质属于黏液质、抑郁质类型，他们说话低声细语，见到生人就脸红，甚至常怀有一种胆怯的心理，举手投足、寻路问津也思前想后。

2. 教育不当

有些家长对儿童的胆小不加引导，孩子见到生人或到了陌生的地方，便习惯性地害羞、躲避，没有自信心。儿童进入青春期后，自我意识逐渐加强，敏感于别人对自己的评价，希望自己有一个“光辉形象”留在别人的心目中。为此，他们对自己的一言一行非常重视，唯恐有差错。这种心理状态导致了他们在交往中生怕被人耻笑，因此表现得不自然、心跳加速、腼腆。久而久之，其便羞于与人接触，羞于在公开场合讲话。对此，应给予正确指导，鼓励青少年大胆、真实、自然地表现自己，否则便会越演越烈。

3. 缺乏自信

有些人总认为自己没有迷人的外表，没有过人的本领，属能力平平之辈，因此他们在交往中没有信心，患得患失。长期的谨小慎微不仅使他们体验不到成功的喜悦，而且使他们更加不相信自己的能力。这种低估自己的认知偏差，常常是导致害羞的最重要的原因。

4. 挫折的经历

据统计，约有四分之一的害羞成人在儿时并不害羞，但是在长大后却变得害羞了，这可能与遭受过挫折有关。这种人以前开朗大方，交往积极主动，但由于复杂的主客观原因，屡屡受挫而变得胆怯畏缩、消极被动。

害羞的表现

害羞的人过多地约束自己的言行，不能充分表达自己的思想感情。一个人有点儿害羞心理是正常的，只要不影响正常的交往就不过分。有些人的害羞是短时间的，比如未成年的孩子，他们在来到一个陌生环境时，总免不了“老实”或“安静”一会儿，待混熟以后，便会与其他人像老朋友一样相处了。很多青年女子，在异性面前总是显出几分害羞的样子，低头不语，偶尔说几句话也面带羞涩之意，很招人喜爱。那些在生人面前从不害羞的女子，有时反而让人接受不了。一些人在任何时间、任何场合都有害羞心理，他们不愿与人交往，不敢与人交往，这就属于不良的个性表现，需要加以克服和改变。

克服害羞的对策

1. 丢下包袱

就是要抛弃一切顾虑，大胆前行，不要过多计较别人的评论。许多害羞者在行动前过于追求完美，担心失败，害怕别人的否定性评价，这样的自我否定和自我暗示肯定会影响能力的发挥。结果越担心、害怕，失败的可能性越大。

2. 扩大自己的交往范围，积极主动地与人交往

胆小害羞的人往往因为胆怯而不敢与人交往，结果仅限于很小的朋友圈子，变得越来越孤僻、退缩。胆小退缩的人很少与人交往，并不是他们自视清高，而恰恰相反，他们往往认为自己是不可爱的，不受欢迎的，别人不愿与之交往的。如果他们形成了这样消极的自我概念，即对自我的一种稳定的认识，那么他们在行动上就会有意无意地表现得让人很难接近、很难交往。其实当你认为自己是可爱的，被别人接受的时候，你就会表现得自信，而自信的人往往是可爱的，人们愿意与之交往，而交往的人越多，就越会增加他们的自信，从而在别人面前就不那么胆怯退缩了。

3. 注意身体语言

所谓身体语言，指的不是我们说的语言，而是我们的身体姿态、动作、表情向人们传递的信息。羞怯的人不好意思与人说话，与人面对时不敢看对方的眼睛，所以给人的印象是冷淡、闪烁其词，但实质上这种身体语言传递的信息是我胆怯、我害怕、我不安。但是，与之交往的人并没有注意到这一点。他们会把这种身体语言误解为冷淡、自负，从而避之千里，这使胆怯者更加迟疑不安。其实，胆怯的人不与人打招呼或说话，并不是他们没礼貌或冷淡，而是怕说出不合适的话而已。

美国心理学家阿瑟·沃默斯认为，只要将身体语言做些调整，就能产生令人吃惊的直接效果。他使用了面带微笑、坦率开通、身体前倾、友善性的

握手、眼睛对视、点头等，来使得外在印象亲切、随和。他宣称这将获得友好的回报，陌生人也不再那么可怕了。

当然要想变得胆大、自信，是一个长期努力的过程，特别对于一个胆小害羞的人来说，要使自己成为一个敢于尝试新的领域、勇于迎接挑战的自信乐观的人，还需要勇气和持久的恒心!

摆脱懒惰成功即来

“世界上没有一个懒人可以长寿，凡是长寿的人，其一生总是积极活动的。”经查阅我国一百多寿星的长寿资料，他们有一条共同的长寿秘诀，那就是热爱劳动，坚持劳动和体育锻炼。但也有一些老年人，离退休之后，苦恼烦闷、生活单调；有的则认为辛苦了几十年，离退休后应该坐享清福。其实这种心理状态，对延缓衰老是极为不利的。懒惰是一种心理上的厌倦情绪。它的表现形式多种多样，包括极端的懒散状态和轻微的忧郁。生气、羞怯、嫉妒、嫌恶等都会引起懒惰，使人无法按照自己的愿望进行活动。有些人的懒惰突出表现在日常学习、生活方面。

懒惰的具体表现

1. 不能愉快地同亲人或他人交谈，尽管你很希望这样做。
2. 不能从事自己喜爱做的事，不爱从事体育活动，心情也总是不愉快。
3. 整天苦思冥想而对周围漠不关心。
4. 由于焦虑而不能入睡，睡眠不好。
5. 日常起居极无规律，无要求，不讲卫生。
6. 常常迟到、逃学且不以为然。
7. 不能专心听讲、按要求完成作业，文具常不配齐。
8. 不知道学习的目的，不能主动地思考问题。

面对惰性行为，有的人浑浑噩噩，意识不到这是懒惰；有的人寄希望于明日，总是幻想美好的未来；而更多的人虽极想克服这种行为，但往往不知

道如何下手，因而得过且过，日复一日。

懒惰的危害

如果一个人饱食终日无所事事、百无聊赖，不仅思想空虚，久而久之，还会产生一种失落感和老朽感，而这将导致生理功能紊乱，影响身体健康。同时，一个人如果终日闲坐，四肢不动，整个机体得不到应有的活动，会导致血脉不畅，肌肉逐渐萎缩，内脏器官也会加速退行性的改变，使衰老来得更快。所以，老年人离退休后，绝不可产生懒惰心理，要力争做一些力所能及的事，并适当地参加一些体育活动，使精力旺盛，延缓衰老。

懒惰心理的调适

1. 要学会微笑

当你不再用冷漠、生气的面孔与亲人交谈时，你会发现他们其实都很喜欢你、重视你。

2. 多做自己喜欢的事

做一些难度很小的事或是你最爱干的事，也可以做些你想了很久的事。不要只看结果如何，只要这段时间过得充实就该愉快。

3. 要保持乐观的情绪，不要动不动就生气

遇到挫折时，生气是无能的表现。正确的做法应该是冷静地查找问题出在哪里，或是自我解脱，或是与别人商量，哪怕争论一番，对扫除障碍都有益处。这个过程带来的喜悦能使你更加好学。

4. 学会肯定自己，勇敢地把不足变为勤奋的动力

学习、劳动时都要全身心投入，争取最满意的结果。无论结果如何，都要看到自己努力的一面。如果改变方法也不能很好地完成，说明或是技术不熟，或是还需完善其中某方面的学习。扎实的学习，最终会让你成功的。

这样努力一段时间，你将发现自己很少为做了某件事而感到遗憾。你还将发现，以坚强的毅力、乐观的情绪，脚踏实地地实践着由易到难不断更换的目标，是我们每一个人都可以做到的。

控制冲动万事皆宜

冲动，生理学定义是神经受到刺激引起的兴奋性反应，我们日常所言的冲动多指理性弱于情绪的心理现象。冲动，可能源于自我保护，这是一种心理补偿，缺乏自信的男性更容易产生冲动情绪。通常它并不能带给我们飞蛾扑火的灿烂，假如在理智弱于情绪的那一刻，给自己三分钟的冷静时间，你将发现：魔鬼就在身旁。

彭健是一家外企的部门主管，平日温文尔雅，但在一次会议上，却很轻易地被一名女同事有些激烈的言辞激怒，他当场指着对方的鼻子大发雷霆，不但让在座的同事惊诧不已，更因此葬送了即将到来的一次晋升机会。那么，究竟是什么原因让他如此激动呢？

心理学家发现，缺少自信的男人更容易产生冲动情绪，这种冲动实际上是他们一种错误的自我保护。如果一个男人自我效能感低，对自己的价值不认同，他会觉得自己是被人瞧不起的，是受威胁的，这种心理常态的表现是怯懦、退缩。但是，偶然的突发事件，容易引发他失控的情绪，比如说野蛮、愤怒。当事人在非理智状态下，能感受到反抗的快感，实际上是潜在的一种心理补偿。

克服冲动的方法

对于爱冲动的男人，不妨采用以下方法，帮助自己疏导缓解冲动情绪，防止因冲动而酿成大祸：

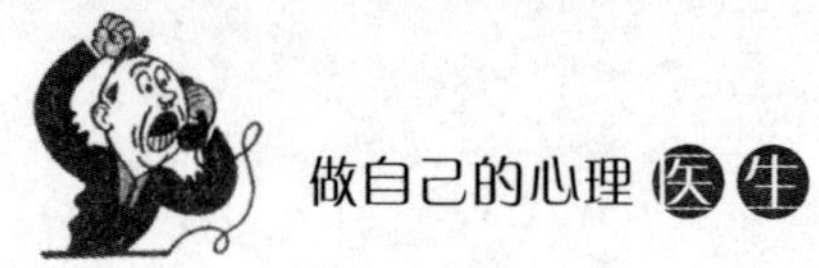

1. 推迟愤怒法

当某一事件触发了你强烈的情绪反应时，在表达出情绪之前，先为自己的情绪降降温，比如在心里对自己说：“我三分钟后再发怒。”然后在心中默默地数数。不要小看这三分钟，它在很大程度上可以帮助你恢复理智，避免冲动行为的发生。

2. 环境转换法

在情绪即将失控的时候，请赶快转换一个环境，你的注意力和精力也会相应地转移，可以使即将失控的情绪得到平息。值得提醒的是，你的行动必须及时，不要在消极情绪中沉溺太久，以免最终酿成情绪的失控。

3. 描述感觉法

当你情绪激动的时候，可以试着把注意力放在你身体的感觉上，去感觉“我现在心跳很快”“我现在脸很红”“我现在呼吸急促”等，当你关注自己身体的时候，实际上是将关注点从事件上转移了。

4. 培养与人沟通的能力

不生气的时候，去和身边的人谈谈彼此最容易发怒的事情，想一个沟通感情的方式，注意不要生气。也可以约定写张纸条，或做个缓和情绪的散步，这样你们便不会继续用毫无意义的怒气来虐待彼此。经过几次缓和情绪的散步之后，你会发现冲动是多么愚蠢的一件事情。

5. 让冲动在运动中消失

心理学家发现，运动是有效解决愤怒的方法，尤其是多参加户外活动，主动做一些消耗体力的运动，如登山、游泳、武术或拳击等，使不快得以宣泄。当感觉自己的情绪无法控制时，可以主动做一些运动，让冲动的情绪随着汗水一起流淌掉。

克制贪婪快乐自来

古代有一则寓言叫“齐人盗金”，说的是古代齐国有一个人走过集市看见摊子上摆着许多黄金，他拿起一块就走，被人捉住后他却说“吾不见人，徒见金耳”，意思是说我没看见人只看见金子。现在的贪官，不也是只看见权力、金钱、美女，而看不见法律、政策、良心和道德吗？我认为古代的那个齐人和现在的贪官都有一种贪婪心理。

“贪”的本义指爱财，“婪”的本义指爱食，“贪婪”指贪得无厌，意即对与自己的力量不相称的某一目标过分的欲求。它是一种病态心理，与正常的欲望相比，贪婪没有满足的时候，反而是越满足，胃口就越大。“天下熙熙，皆为利来。天下攘攘，皆为利往。”人之求利，情理之常，但什么都想要，而且想一本万利，无视等价交换，鲸吞社会与他人财产，就是反常，就有害和有罪了。古人用“贪冒”“贪鄙”“贪墨”来形容那些贪图钱财、欲望过分的行为，认为是“不洁”“不干净”“不知足”的。老百姓用“贪官污吏”“硕鼠”“蛀虫”来讽刺那些贪得无厌的人，可见贪婪是不得人心的。

贪婪心理有以下特点

1. 无满足性

贪婪的欲望是无止境的，“人心不足，蛇吞象”。

有个飞机售票员利用职务之便，伪造机票，贪污公款几万元，她尝到甜头后，变本加厉，在短短两年时间内，伪造3.73万张机票，贪污人民币313万余元，等于一架“波音737”飞机在天空中白白地飞行一年。

2. 公开性

凡贪婪之人，都是利欲熏心的。为了满足自己的私欲，有贪婪心理的人往往会丧失理智，不顾社会道德、法律的约束和舆论的谴责，疯狂地贪污，无耻地索要，用种种借口挪用公款，公款私用。

某县一个经济效益较好的小厂，职工们拼死拼活干一年，好不容易盈利30万元，可厂长却将这笔钱买了一辆“兰鸟”自己乘坐，并到处吹嘘说：“别看厂子小，咱也有‘兰鸟’。”可职工们却愤怒地骂道：“职工拼命干，挣了30万，买个乌龟壳，坐个王八蛋。”

3. 侥幸性

贪婪行为是一种侵犯国家、集体、他人利益的行为，历来为党纪国法所不容。

明朝开国皇帝朱元璋出身寒微，十分痛恨贪官污吏，他规定凡贪污白银60两以上的官员就要斩首，并把此人的皮囊制成标本放在衙门大堂侧边，以警示继任者。贪婪者个个心存侥幸心理，认为自己不会被发现，不会被绳之以法。偶尔有人侥幸逃脱了监督与检查，便得意扬扬，自认为手段高明，本事通天，结果在泥坑里越陷越深。

4. 意志薄弱性

贪污之人大都是意志薄弱者，在金钱与物质面前，不能控制自己的行为。他们知道贪婪之心不好，有的在谋得不义之财后，也曾想过金盆洗手，但也只是想想而已，在诱惑面前，仍然犹豫不决，把后悔与迟疑置于脑后，再一次伸出贪婪之手。

贪婪心理的成因

客观原因：

1. 社会病态文化的消极影响

中国古代就有“马无夜草不肥，人无横财不富”“饿死胆小的，撑死胆大的”的说法，反映了不劳而获的投机心理，它宣扬的不是勤劳致富，而是谋取不义之财。受这种观念的影响，社会上确有一些不务正业、靠贪污行骗过日子的不法分子。

2. 社会舆论的误导

改革开放初期，舆论媒体详尽地报道“万元户”的收入与成果，却没有报道万元户是如何通过艰辛劳动致富的，以致激发了社会各阶层人员的致富攀比心理。当然有不少人通过另谋职业、业务培训、加班加点等方式来增加自己的收入，但利用职务、权力、岗位、行业之便，用非法手段谋取私利者也层出不穷。舆论误导极大地刺激了这些人的贪婪之心。

3. 社会控制不严

改革开放以来，为了搞活经济，各地“放”得较多，造成很多弊端。在社会控制不严的情况下，最先致富的人不乏有靠不法手段发家致富的，这就客观地刺激了人们的贪婪之心。

主观原因：

1. 错误的价值观念

认为社会是为自己而存在的，天下之物皆为自己拥有。这种人存在极端的个人主义，认为人生就是“捞世界”。为了“潇洒走一回”，不惜“拿青春赌明天”。“捞世界”的人是永远不会满足的，得陇望蜀，有了票子，想房子；有了房子，想位子；有了位子，想女子；有了女子，想儿子；即便“五子登科”，也不会满足。

2. 行为的强化作用

有贪婪之心的人，初次伸出黑手时，多有恐惧心理，一怕引起公愤，二怕被捉。一旦得手，他便喜上心头，屡屡尝到甜头后，胆子就越来越大。每一次侥幸过关对他都是一种强化，不断刺激着那颗贪婪的心。

3. 攀比心理

有些人原本也是清白之人，但是看到原来与自己境况差不多的同事、同学、战友、邻居、朋友、亲戚、下属、小辈，甚至原来那些与自己相比各种条件差得远的人都发了财，心理就不平衡了，觉得自己活得太冤枉，由此萌发一股攀比之念，也学着伸出了贪婪的双手。

4. 补偿心理

有些人原来家境贫寒，或者生活中有一段坎坷的经历，便觉得社会对自己不公平，一旦其地位、身份上升，就会利用手中的权力向社会索取不义之财，以补偿以往的不足。

⊙ 贪婪的表现及危害

贪婪是一种过分的欲望，贪婪者往往超越社会发展水平和自己的能力，践踏社会规范，疯狂地向社会和他人攫取财物，不惜一切手段满足自己的欲望。一般具有以下五种表现：

1. 永远填不满的财欲

主要表现为唯利是图、见财忘规、见利忘义，在社会生活中不择手段地敛财。

2. 难以填补的贪欲

主要表现是利用手中的权力，为自己或小团体的利益谋私利，不惜用公款大吃大喝、大请大送、大玩特玩。

3. 难以满足的权力欲

为了满足自己的权力欲，千方百计往上爬，或凭借关系伸手要官，或四处钻营花钱买官，或诬陷他人表现自己等，“用我的钱买你的权，用你的权赚我的钱”，“一人得道，鸡犬升天”。

4. 欺世盗名的名欲

主要表现是不学无术，却假装有学问，不惜花钱买名誉。

5. 胆大包天的色欲

主要表现是“饱暖思淫欲”，包养情妇、嫖娼，甚至插足他人家庭等。

⊙ 贪婪的心理调适

贪婪并非遗传所致，是个人在后天社会环境中受病态文化的影响，形成自私、攫取、不满足的价值观而出现的不正常的行为表现。若想改正，是可以自我调适的，具体方法如下：

1. 格言自警法

古往今来，仁人贤士对贪婪之人是非常鄙视的。他们撰文作诗，鞭挞或讽刺那些向国家和人民索取财物的不义行为。其中最著名的是陈毅的《感事抒怀·七古·手莫伸》，其诗为："手莫伸，伸手必被捉。党与人民在监督，万目睽睽难逃脱。汝言惧捉手不伸，他道不伸能自觉。其实想伸不敢伸，人民咫尺手自缩。岂不爱权位，权位高高耸山岳。岂不爱粉黛，爱河饮尽犹饥渴。岂不爱推戴，颂歌盈耳神仙乐。……"

2. 二十问法

这是一种自我反思法，即自己在纸上连续二十次用笔回答"我喜欢什么？"这个问题。回答时应不假思索，限时二十秒时，待全部写下后，再逐一分析哪些是合理的欲望，哪些是超出能力的过分的欲望。这样就可明确贪婪的对象与范围，最后对造成贪婪心理的原因与危害，自己做较深层的分析。

3. 知足常乐法

一个人对生活的期望不能过高。虽然谁都会有些需求与欲望，但这要与本人的能力及社会条件相符合。每个人的生活有欢乐，也有失缺，不能搞攀比，俗话说"人比人，气死人""尺有所短，寸有所长""家家有本难念的经"。心理调适的最好办法就是做到知足常乐，"知足"便不会有非分之想，"常乐"就能保持心理平衡。

远离压抑享受轻松

小峰的父母关系不好，现在已经离婚。小时候，父亲一旦喝酒，就会情绪失控，对母亲大打出手。小峰一直都想保护母亲，但由于太过弱小，往往只能替母亲挨几下打，无法帮上什么忙。挫败感和对父亲的恨，困扰着他幼小的心灵，久而久之，他变得很难有情绪体验，既不会因为取得好成绩而快乐，也不会因为挫折而愤怒。对于父亲的恨似乎也只是脑子里这么想着，情绪上没什么感觉，小峰说："心情似乎麻木了。"

但小峰一直被可怕的梦境困扰着。在梦里，他似乎永远都是愤怒的，他深刻地体验对父亲的恨，甚至想要伤害父亲和其他一些在生活中伤害过自己的人，在梦里，他会很愤怒地对他们拳打脚踢。这些梦频繁出现，常常让小峰惊醒过来，以至于在生活中，他都害怕自己会在某天失控，做出与梦中一样的行为。

他的梦境困扰正反映出他所压抑的愤怒。从精神分析的角度看，压抑是一种心理防御机制。

压抑指受到挫折后，个体把意识不能接受的冲动、矛盾、情感等排斥到意识之外，压抑到潜意识之中，推迟满足需要的时间；或者主动忘记自己的不幸与痛苦，轻松地迎接再次的考验，从而避免焦虑、紧张和冲突，解除心理压力。

被压抑的痛苦经验或冲突，并未真正消失，只是由意识领域转入到潜意识领域，并且，常常以伪装的方式表现出来，以求得暂时满足。像梦中的言行和酒后吐真言，都是被压抑到潜意识中的愿望，趁着意识的辨别能力较弱时出来活动的现象。

作为心理防御机制形式的压抑，有积极的作用，也有消极作用。其积极作用在于控制某些不适当的冲动，减轻不愉快经验的打击，避开暂时的困难，以图东山再起。其消极作用表现在如果过于频繁地压抑，超过了意志控制的能力与心理忍受力，就可能出现心理失常，严重的还可能出现心理疾病，人格变态，直至抑郁而死。

心理压抑有如下特点

1. 内向性

当个体与外界现实发生矛盾时，个体不是积极地调整与外界的关系，而是退缩、回避矛盾，退回到个人的主观世界，自我克制、自我约束、宁事息人，以求得心灵上的安静。

2. 消沉性

回避矛盾不等于解决矛盾，只要矛盾存在，就不可避免地使个体体验到不愉快的情感。这种情感与日俱增，逐渐使整个心理消沉下去，心理压抑者的自我感觉往往是不良的。

3. 潜意识性

受挫的思想与情感压抑在心头，久而久之，就会转化为潜意识。潜意识又支配人的需求和动机，例如一个事业上屡遭失败的人很想干一件一鸣惊人的事情，如制造一起事端等。又如越是被禁止的事物，人们越是想去打听其被禁止的奥秘等等。心理压抑与自我克制不同。自我克制是在理智支配下，在一定场合对自己的情绪、行为做适当的控制，这是人适应环境的一种行为表现。而心理压抑则是无论在什么场合下，对自己的情绪、思想、行为所做的过分的压制，其结果往往导致行为的异常。因此有必要对压抑的成因做进一步的分析。

压抑心理的成因

压抑心理源于外部环境，也有个体自身的原因。从外部环境来讲，如果个体与环境不协调，有过多的挫折感，就可能产生压抑心理。这主要表现在三个方面：

1. 行为规范的影响

行为规范是调节、约束个体行为的准则。如果行为规范太多，过于严厉，或者规范与个体的接受程度差距甚远，个体极易产生压抑感。例如，有些社会对妇女有许多清规戒律，有些家长过分地管教孩子，有些单位与部门对下属有过高的要求，都会使之产生压抑心理。

2. 工作学习与生活上的压力

人活于世必然要进行工作、学习、生活等实践活动，若这些实践与人的能力相适应，个体就能取得预想的成绩，就有成就感；若人的能力不能承担这些实践任务，或者长期超负荷地工作、学习、生活，个体就可能感到痛苦与压抑。如有的学生面对繁重的学习负担而成绩下降，就会感到压抑消沉。

3. 紧张的人际关系

人际关系指人与人之间的心理距离。人有合群性，希望自己能被他人接纳。亲密的人际关系能增强人的自信心，满足人的社交需求；而紧张的人际关系使人的精神与社会的需求不能得到满足，个人的志向处处受挫，或“怀才不遇”，或遭人冷遇，自然会产生孤独无援的感觉。结果可能导致个体采取回避现实的行为。

从主观原因来看，有以下情况易产生压抑心理。

1. 个体的某些身心条件较差

如个体生来长得丑陋，有生理缺陷，或者才能不及人等，都可能引起他人的讥讽和嘲笑。在他人的消极评价中，个体极易产生自卑感、自我否定感。有些人可能加倍努力，化压力为动力；有些人则可能感到压抑和痛苦，变得自我封闭或自暴自弃。

2. 某些气质与性格可能产生压抑感

气质是人的高级神经活动类型。按心理学上的说法，人有四种典型气质：即胆汁质（外向、过于兴奋），多血质（外向、灵活），黏液质（内向、安静），抑郁质（内向、过于抑制）。根据气质的特点属抑郁质的人具有敏感、多愁善感的特点，对同一事物，他们的压抑感可能比其他气质的人更明显。性格是人对客观事物的态度和行为模式，一般而言，外向性格的人遇事往往用情感将它表现出来；内向性格的人则常常把其压抑在内心，其中消极的情感会转化为压抑感。可见调整、改造个人的性格和气质对克服压抑感是十分必要的。

压抑心理的行为表现及其危害

压抑心理是一种较为普遍的病态社会心理现象，存在于社会各年龄阶段的人群中。它与个体的挫折、失意有关，继而让人产生自卑、沮丧、自我封闭、焦虑、孤僻等病态心理与行为。挫折与压抑感之间互为因果，形成一个恶性循环圈。一般而言，压抑心理的行为表现有以下几个方面：

1. 忧郁

主要表现在：忧心忡忡，失眠，易疲劳，精神不能集中，性格孤僻，自我封闭，不合群，个人感到自己存在的价值不大，对前途失去信心，感到外部压力太大，情绪低落，自惭形秽，手足无措等。

2. 厌倦

对任何事都失去信心，打不起精神，懒得和人说话；工作、学习、生活的效率急剧下降；不愿承担社会工作和义务；成就动机下降等。

3. 优柔寡断

缺乏自信，导致意志薄弱，做事无主见、不果断，做决定犹豫不决，没有敢为天下先的魄力与勇气等。

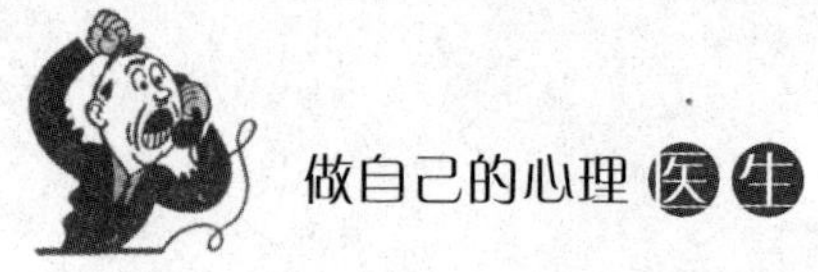

4. 社交障碍

由于心情消沉，不愿与人打交道，表情呆板，少有言笑，敏感；戒备，提防他人，生怕被人抓住把柄，知心朋友越来越少。

5. 躯体化焦虑

由于将消极情绪压抑在内心，个体的焦虑感会明显增强，自我感觉不好，焦虑又常以躯体不适表现出来。如头痛、肠胃不适、疲倦等；有的人则以暴饮暴食的方式去摆脱压抑感，结果导致肥胖症。

6. 改向行为

被压抑的情绪与思想有些会转化为潜意识，潜意识又会以动机的形式驱动某种行为。越被压抑的情绪、思想，越可能在适当的时候以改头换面的方式表现出来。如一个学生在学习上遭到挫折，他对成功感受到压抑，则可能在另一种场合去表现自己，或爱好文体活动，也可能以恶作剧来释放能量，表现自己。精神压抑使人感到有心理上的压力，个体将某种情绪、思想转化为潜意识，潜意识是人的原始冲动，是支配所有行为的根源。精神分析大师弗洛伊德将潜意识分为"生的本能"与"死的本能"。前者是有建设性的、积极的、向上的，能变压力为动力；后者是破坏性的、消极的、冲动的，它可能使人做出越轨的、不道德的行为，也可能导致个体人格畸变。我们要认识压抑心理的危害性，做好自我心理调适工作。

压抑心理的自我调适

1. 要正确面对社会现实

要知道社会是一个由多元子系统组成的大系统。社会有光明一面，也有阴暗一面；世上有好人，也有坏人。看待社会不能过于理想化，要看到社会成员之间实际上存在不平等的地位、待遇上的差距。人与人不能互相攀比，不能用自己的标准去衡量社会的公平性，而应正视社会、承认差别、努力去缩小与别人的差距。

2. 要正确看待自己

遇到挫折，应先从自己的主观方面去寻找原因。"勤能补拙"，用自己的勤奋特长去弥补不足；坚信“人无完人”，每个人都有长短处，只要积极有为，“天生我材必有用”；要停止自我比较，不要担心不如别人，要自己接受自己，确立一种自强、自信、自立的心态。

3. 多读些圣贤哲理与名人传记

圣贤名人之所以成功，就是他们能从挫折中走出来。人的一生会遇到许多挫折，如何战胜挫折，到达成功的彼岸?圣贤们的思想与足迹能给我们许多启示。孔子讲学“三虚三盈”，但他不气馁，不断努力，终于培养出“三千弟子”；南非前总统曼德拉为反对种族歧视坐牢26年，终于取得斗争的胜利。这些都能给人以希望和勇气。

4. 积极做些富有建设性的工作

压抑会让人产生厌倦、懒惰的行为。越是懒于动手做事的人，越容易发生心理危机。为了与懒惰做斗争，不妨列出一个工作、学习、生活日程表，包括晨练、读书、写作、交友、上街、娱乐等。不论大小事情都列入其中，并认真、专心地去做。假如没有心情编计划，只要先行动起来就够了，你不必等到想做事的时候才开始，因为你没有做事的欲望，可能永远也懒得动。一旦你成功地完成了一项工作，心里就会踏实得多。

5. 主动帮助别人，乐于助人，使人精神健康

如果心理压抑者通过志愿性的工作，如社区服务或帮助行动不便的邻居老人购物，心情就会好些。你会发现只要有同情心，能够理解别人，对社会也是有价值的。

6. 让快乐进入你的生活

许多沮丧的人放弃了他们最喜爱的业余活动，这只会把事情弄得更糟。为了扭转你目前的心情，不妨每天做些激烈的体育运动，多参加社交活动，如朋友联欢、聚餐或看电影等，让微笑常挂在你脸上。心理学家通过深入的研究发现，行为能够影响情绪。当你感到压抑时，不要拖着双脚垂头丧气地走路，要像风一样疾走；不要弓背坐着，而要挺直身子；不要愁眉苦脸，要露出笑脸，这样做本身就能够让你感觉良好。

7. 坚持锻炼身体

英国教育家斯宾塞认为“健康的人格存在于健康的身体”。有许多精神压抑者通过体育锻炼，出一身汗，精神就轻松多了。科学家认为，呼吸性的锻炼，例如散步、慢跑、游泳和骑车等，可使人信心倍增，精力充沛。因为这些行动让人肌体彻底放松，从而消除紧张和焦虑的心情。

8. 回归自然，有益于身心健康

当你精神压抑时，可漫步于田间地头，跋涉于山水之间，看春华秋实，听蝉鸣鸟啼，置身于大自然的怀抱。因此产生许多联想与灵感，悟出人生哲理，以调适自己的不适心态。

抛开依赖品味独立

最近，婉茹感到自己的生活非常空虚。自从跟男朋友分手后，她的生活就失去了平衡，而且找不到可以安慰自己的人；父母和姐姐除了唠叨，没有一句关心的话；而以前的朋友们都忙于自己的工作，没有时间安慰她。

最让婉茹感到失望的，就是她自以为是知心朋友的高中同学嘉娜。前几天婉茹想邀请嘉娜一起去看一部期待已久的电影，结果嘉娜为了和男朋友约会就拒绝了婉茹。

被嘉娜拒绝后，忧郁和绝望一股脑儿地涌上了心头。在最困难的时候，女人总会寻找能帮自己渡过难关的人。然而，在最困难、最孤独的时候，如果只想依靠别人，那么总有一天会受到更大的伤害。

请不要成为那种与人相处才能找到自我和安全感的女人。依赖心理是日常生活中较为常见的一种心理表现，其主要特征是在自立、自信、自主方面发展不成熟，过分地依赖他人，经常需要他人的帮助和指导，遇事往往犹豫不决，缺乏自信，很难单独进行自己的计划或做自己的事，总是依赖他人为自己做出决策或指出方向。

产生依赖心理的原因

产生依赖心理的主要原因有两个方面：一是教育不当引起的心理依赖。如有的青年人，从小受到父母的过度溺爱和娇生惯养，自己生活的一切均由父母包揽，生活中从没有为自己的事情考虑过，全部听从父母的摆布，使得自己不懂生活的艰难，养成了做事靠父母的依赖心理，缺乏独立生活和处理问题的能力。二是自卑衍生出来的心理依赖。有的青年人有较严重的自卑心理，认为自己不如他人，如知识贫乏、能力不强、笨嘴拙舌，因此在日常交往中，不自觉地把自己放在配角位置，心甘情愿地受他人的支配。

如何调适依赖心理

依赖心理的形成是一个长期的过程，是多种因素相互作用的结果。它是一种消极的心理状态，影响个人独立人格的完善，制约人的自主性、积极性和创造力。要克服自己的依赖心理，并非朝夕之事，而要多角度、长时间地去攻克它。

1. 愉快地接纳自己

一个人要在事业上有所作为，首先要正确地认识自己，对自己采取接纳的态度。生活中的每一个人都有优点，也都有弱点。有的人发现了自己的缺点和缺陷，就当成包袱背起来，老是压在心头，连自己的优点和长处也看不到了。于是，自己的精神优势被自身的弱点与缺陷所压垮；自身的潜在能力与智慧被自身的弱点与缺陷所泯灭，从而为自己设置了障碍。事实上，许多事情别人能做到，自己也一定能做到，关键在于应该充分、准确、客观地认识自己。要做到这一点，则必须先在心理上接纳自己。

2. 增强自信心

自信心是对自身潜能的肯定，是追求事业成功过程中的一种良好的心理素质。要有自己相信自己、自己战胜自己的信心。只要坚信“我能行”，一股新的思想动力就会充实着头脑并改造自己的人生。

3. 培养独立的人格

每个人都需要他人的帮助，但是接受他人的帮助也必须发挥自己的主观能动性。大事可征求他人的意见，但必须把握一点，他人的意见仅供参考。一旦从对他人的依赖关系中解脱出来，自己就会有一种踏实的感觉，感受到自信的力量，享受了自主、自立给自己带来的好处，那么，依赖心理也就无立足之地了。

第三章

调适日常心理，拾获正向心智

社交心理问题调节

有一位女大学生性格内向，自尊心特强，处事谨小慎微。她总以为别人时刻都在注意她、评价她，担心自己会出什么差错，让人瞧不起。后来，她暗恋上一位男同学，但又不敢表露情感，害怕别人知道这个秘密。一次，有同学开玩笑说："我知道你爱上他了，你就别藏在心里啦！"她一听就心里发慌，十分担心别人对她评头论足。从此以后，她见人就躲闪，有人与她聊天，就不知不觉地面红耳赤、心慌意乱、语无伦次，以至于后来见人就害怕。

社交中的心理问题，男女都有可能出现，它往往会泛化，严重者拒绝与任何人发生社交关系，把自己孤立起来，对日常工作学习造成极大妨碍。因此一定要努力克服社交中存在的心理问题。

良好的心理素质，是人们进行广泛社交活动的必要条件。相反，心理状态不佳，会形成某些隔膜和屏障，在一定程度上阻碍了人们交朋结友和适应社会。因此，我们在工作生活中应该注重自身修养，努力克服病态心理。

影响社交的不良心理

1. 自卑心理

有些人容易产生自卑感，甚至瞧不起自己，认为自己不如别人，甘居人下，缺乏应有的自信心，无法发挥自己的优势和特长。有自卑感的人，在社会交往中办事无胆量，习惯于随声附和，没有自己的主见。这种心态如不改变，久而久之，有可能逐渐磨损人的胆识、魄力和独特个性。

2. 怯懦心理

主要见于涉世不深、阅历较浅、性格内向、不善辞令的人。怯懦会阻碍自己计划与设想的实现。怯懦心理是束缚思想行为的绳索，理应断之、弃之。

3. 猜疑心理

有猜疑心理的人，往往爱用不信任的眼光去审视对方和看待外界事物，每每看到别人议论什么，就认为人家是在讲自己的坏话。猜疑成癖的人，往往捕风捉影、节外生枝、说三道四、挑起事端，其结果只能是自寻烦恼、害人害已。

4. 逆反心理

有些人总爱与别人抬杠，以此表明自己的标新立异。对任何事情，不管是非曲直，你说好他偏说坏，你说一他偏说二，你说辣椒很辣，他偏说不辣。逆反心理容易模糊是非曲直的严格界限，常使人产生反感和厌恶。

5. 排他心理

人类已有的知识、经验以及思维方式等，需要不断地更新，否则就会失去活力，甚至产生负面效应。排他心理恰好忽视了这一点，它表现为抱残守缺，拒绝拓展思维，使得人们只在自我封闭的狭小空间内兜圈子。

6. 做戏心理

有的人把交朋友当作逢场做戏，往往朝秦暮楚、见异思迁，且喜欢吹牛。这种人与他人之间的交往只是在做表面文章，因而常常得不到真正的友谊和交不到真朋友。

7. 贪财心理

有的人认为交朋友的目的就是为了“互相利用”，因此他们只结交对自己有用的人，到头来一个朋友也没有。

8. 冷漠心理

有些人对与自己无关的人和事一概冷漠对待，甚至错误地认为言语尖刻、态度孤傲，就是自己的“个性”，致使别人不敢接近他们，从而失去了更多的朋友。

⊙ 社交心理问题的调节

只要自己有意识地去调整，社交中出现的各种不良心理是可以克服的。

1. 消除自卑，树立自信

对自己应有正确的认识，过于自尊和盲目自卑都没有必要，事事处处得体、求全责备更是没有必要的。可以暗示自己：我只不过是集体中的一分子，谁也不会专门盯住我、注意我一个人的。摆脱那种过多考虑别人评价的思维方式。要记住：我并不比别人差，别人也不过如此。以此来增强自信。

2. 改善自己的性格

害怕社交的人多半比较内向，应注意锻炼自己的性格。多参加体育、文艺等集体活动，尝试主动与同伴、陌生人交往。在交往的过程中，逐渐去掉羞怯、恐惧感，使自己成为开朗、乐观、豁达的人。

3. 转移刺激

即暂时转移引起心理问题的外界刺激。由于外界刺激在一段时间内消失，其条件反射在头脑中的痕迹就会逐渐淡化，有时还可消除。

4. 满灌疗法

即反复接触引起不舒服的刺激，使自己逐步适应，进而消除不适感。

5. 掌握知识

懂得开展社交的重要意义，全面掌握有关社交的知识、技巧和艺术，以及相关的社会学、心理学和传播学知识，真正明白社交的作用，这对消除心理问题是大有裨益的。

6. 系统脱敏法

其一般做法是：先进行轻微的较弱的刺激，然后逐渐增加刺激的强度，使行为失常的患者没有焦虑、不安，逐渐适应，最后达到矫正失常行为的目的。引导其先与家人接触，再一步步地引导脱敏，并通过奖励、表扬使其巩固。

失业心理的调节

王琳在大学毕业后就来到某电视台做主持人，主持过好几档节目，是很受当地观众喜爱的知名人士。

和往常一样，那天早上，王琳来到电视台做前期节目准备。这时，一位工作人员突然走过来对她说："这个节目的主持人换新聘用的人了，节目你不用上了。"在这一瞬间，王琳感到了一种被锐器击中的疼痛。一切都被否定了，她开始怀疑自己的容貌是否依旧美丽，自己的能力是否足够，甚至对自己的人缘、处事也产生了疑惑。足足有三个星期，她都沉浸在这样的情绪里，懵懂、迷茫、怀疑……

现代社会人们工作、生活的节奏很快，像上面故事中的主人公这样意外失业是存在的。没有了工作，不仅意味着你失去了日常收入之源，还失去了个人工作关系、日常的生活模式，更重要的是失去了自我目标。失业很有可能对你整个人生体系造成无法估量的影响。这种感觉就像——不夸张地说，就好似你刚刚经历了离婚或者是缅怀一个刚刚逝去的好友。你会很震惊、生气，乃至否定事实，你会感到忧心忡忡，一种挫败感与失落感随之而来，而在寻找新工作的过程中，愤怒、希望、兴奋、胆怯等感受也会交织而来。

下面这些观点或许会给你带来共鸣，帮助你克服失业带来的种种困难：

1. 反省失业的原因

工作是你实现自我价值的非常重要的一块基石，现在你的自我价值体系有些坍塌了，一种"自己没有什么价值"的感觉油然而生，这是最平常的一种心理状态。

想想你为什么失业了：有些事失控了吗?你违反了公司内部的财务上的规定，还是在一些决策上出现了偏差，你多半得负点儿责任吧?

如果你发现确实得为失业这件事负责的话，想办法来提升你的职业技能，可到当地的书店和图书馆去丰富和扩展一下自己的内涵。

2. 失业后的生活问题

你有权利宣布失业，得到应该得到的社会福利，一失业就申请，没有什么不妥的!同时，你该开始考虑如何削减你的日常生活开支了，尽量避免不必要的娱乐消遣。如果你已经有家庭了，这种考虑甚至涉及家庭的每个成员，大家都得制订“节流”计划。

3. 让自己的生活维持一种新的状态

工作决定了你的生活状态。对于失业者而言，建立并维持一种新的生活状态很重要，这种生活状态应该包括寻找新工作的日程。当然，请记住给自己保留一定的休闲和娱乐时间，不要因为失业了就把自己置于一种非正常的生活状态之中，不能走极端。

4. 向周围的人寻求支持

让别人来分担你失业的忧愁。别硬挺着，试试看，你会觉得问题似乎不那么棘手了，就会对事情本身有一个更全面的认识。向你的家人和朋友倾诉吧，他们的关心和支持会伴你度过这个比较灰暗的时期，你很快会发现他们很在意你，不管你是否有工作。

还要记住，家人和朋友是非常有价值的信息源，他们会给你出谋划策找新工作。当地的就业组织机构也是你的求助对象，它们通常致力于重建失业者的自信心和提供就业信息。

5. 克制自己，养成一些习惯

失业了，你已经很紧张了，信心跌到谷底，现在告诉你一些比较好的方法和合适的习惯，让你缓解失业的困惑。

（1）确定每天的日程，这样的日程表应该包括寻找工作的具体行为。这一点很重要，不少失业者会浑浑噩噩地过日子，美其名曰“先休息一下”。

（2）设置每天的目标。完成那些你能够完成的，比如说，出去散步，去图书馆，去和朋友聊天，等等。

（3）运用你自己的人脉关系。告诉每个能帮上你忙的人你想找什么类型的工作，你人脉网上的朋友会帮你关注的，他们也了解你的技能，他们会告诉你很多有关求职方面的信息。很多人就是通过朋友介绍获得工作机会的。

（4）看一些降低压力的书。你能从这些专门讲降低失业压力的书中得到一些释放，把你和你的家庭从这样的压力泥潭中拔出来。

（5）做志愿者去帮助别人。别老是想着“自己应该受助”，助人者和受助者都会感到愉悦。

（6）失业了，有时间了，但不要闲下来。让自己时刻处于有活力的状态，老闷在家里无助于你找到新工作，反而会导致你的心理负担加重和情绪波动。

（7）上床前，写一下今天做什么了，明天准备做什么。这是一个让你第二天早起的理由。

（8）以前因为忙碌而无法寻求的兴趣，现在可以好好满足一下。

（9）及时地为自己“充电”。

（10）最重要的一条是保持规律的生物钟，加强日常锻炼。不要多摄入咖啡因、尼古丁、酒精。当你找到工作时，你就能以一个好的形体来面对它。

恋爱中的心理问题调节

恋爱、结婚、组建家庭，是大多数人都要经历的过程，是人生的重要内容。因此，树立正确的感情观就很重要。

恋爱中的问题种类

1．早恋

指青春期或青春期以前的少年出现过早恋爱的现象。早恋习称牛犊恋，多与环境因素引起早熟性兴奋和性萌发有关；一部分也与孤独、空虚、心理上缺乏支持有关。陷入早恋之中的少年男女因受到相互的吸引，互相爱慕、互相支持，情绪是欢愉的，情感是纯真的。由于情感处于主导地位，通常缺乏理性，多数人有肉体和性接触的意向，但不一定都付诸实践。相当多的早恋少年满足于温馨的情感交流和卿卿我我的言语交流，当然，也有一部分人基于性冲动和欲望而发生性行为。

早恋是受了外部“催化剂”的性早熟的结果，很难指向一个固定的性对象；对某一异性对象的爱慕或倾心是非理性的。例如有的仅是因为对方声音好听而产生恋情；有的认为他的异性伙伴有部带遥控的玩具汽车。老师、父母一旦发现孩子陷入早恋的旋涡之中，或许感到震惊、愤怒。他们往往认为这些孩子太不争气，道德品质太差。其实此时少男少女是否早恋与道德品质的优劣无关。重要的是，应认识到少年性心理成熟提前的趋势，帮助孩子们认识到早恋的危害，组织丰富的文娱、体育活动，社会活动和保护、热爱大自然的活动。只要晓之以理，动之以情，因势利导地给予切实有效的帮助，几乎每一个早恋的少年都能摆脱早恋的羁绊。

2. 单相思

单相思是一种心理失去控制的情感表现，青春期男女在相遇时对对方容貌、才华、品德行为、经济社会条件等产生爱慕，于是，自己有意单方面地点燃爱情之火，编织情网，把对方的举止看作是对自己有意求爱的信号。一旦发现对方无此恋情，往往心理蒙受失恋的痛苦。昼思夜想而影响健康，有的甚至会导致精神疾病。单相思最大的心理误区是把心目中暗恋的人过于美化，看成十全十美。

一名男同学新年送给一位女同学一张贺卡，被女同学收下，男同学就误认为女同学对自己有意。其实女同学只是把他看成一般的朋友，他却找出女同学十八条优点，整天魂不守舍，朝思暮想，失眠，不想吃饭，神志恍惚，自言自语呼唤女同学跟他说情话（幻听）。他买了许多胸花和发卡摆在自己床上欣赏，对学习毫无兴趣，经专科医院诊断为青春型精神分裂。

单相思的调整方法：

（1）自己熄灭自己点燃的情火。客观评价对方，摘掉对方头上的“光环”，寻找对方的缺点。客观评价自己，暗示自己：“我比对方有优势，她不一定是最好的。”相信自己有能力，提高自信心。

（2）找合适的机会向暗恋的人表示自己的感情，如果对方有意可以继续相处，如果遭到拒绝可以进行积极的自我暗示：“我虽然遭拒绝，并不证明我不行，是她没眼光，没有发现我的优点，我的勇气可嘉，肯定有更好的知己等着我。”

（3）忘掉自己编织的情网，长痛不如短痛，爱与被爱双方都有选择的权利，不要

穷追不舍。

（4）广泛与同学建立新的真正友谊，在新的友谊交往中寻找朋友。

（5）用取代转移法把注意力转移到其他的兴趣、爱好方面，如画画、打球、唱歌等。

3. 失恋

失恋是恋爱过程终止，在客观上表现为相爱的双方分离，在主观上表现为失恋者体验到悲伤、忧郁、失望等消极情绪及心理痛苦和压力。恋爱的过程是两个人相互了解和选择的过程，当一方面提出终止恋爱关系时，另一方面就会失恋。世界上有恋爱就会有失恋。

调整方法：

（1）矫正认识，尽快转变观念。认识到每一个未婚青年都有追求爱情的权利，也有接受爱情和拒绝爱情的权利，失恋不失志，失恋不失德，从痛苦中振作起来，用事业成功体现生命价值，最终肯定能获得真正的爱情。异性之间初恋受挫折是常有的事。爱是双方的，绝不能强求，如婚前充满危机，婚后未必幸福。

初恋没有明确的婚姻目标，感情处在不稳定的状态，失败在意料之中，失恋在许多伟人身上发生过。

革命导师马克思先后两次失恋，心灵创伤很大，但他执着地追求事业，把消极情绪升华为革命动力，写下《资本论》；世界著名诗人歌德、科学家居里夫人、音乐家贝多芬都尝过失恋的痛苦，他们都用伟大的事业抑制了痛苦的感情而走向成功、成才，为世人所瞩目。

（2）摘掉对方头上的光环。热恋时常常看到对方头上的光环，一旦失恋多找对方的缺点，找到自己厌恶对方的地方，觉得没有什么可留恋的，以此来调整不平衡的心态。

（3）找自己的优势和长处，提高自信心，相信自己会找到更好的意中人。

（4）尽快忘掉这次恋爱的经历，淡化曾经发生的事，使自己保持冷静、理智。第一个撞进生活的异性不一定是合适的伴侣，不成终身伴侣可以做朋友，不要不成恋人便成仇人。

（5）情绪焦虑可以进行放松训练，必要时药物治疗。

（6）找亲朋好友或心理医生宣泄自己内心的痛苦情绪，达到心理减压。

4. 恋爱从众心理

有的人谈恋爱不是为了寻觅知音，而是看到其他人谈恋爱自己也不甘示弱地效仿，无论结果如何，先抓一个再说，不负责任、不严肃，其结果是危险的。

某高校曾经发生过一起男生闯入女生寝室，持刀行凶的事。调查发现，受害女生曾与此男生谈恋爱。

原来，受害的这名女大学生根本不喜欢该男生，但她看到同宿舍的女生都找到了男朋友，而自己没有男朋友感到孤零零的，很失落，很没面子，于是，就答应了这个男生的追求，男生全情投入地和女生谈起了恋爱。正当男生爱得不可自拔的时候，女生却清楚地知道这是个无言的结局，她与男生恋爱只不过是想借此在同学中找回一点儿尊严，现在达到目的，就宣布恋爱结束。男生在“失恋”的打击下，突然失去了理智，持刀闯入宿舍行凶后，自己跳楼自杀身亡。

调整方法：

（1）矫正认识，充分认识恋爱从众心理是不正常甚至是有害的，一个人什么时间谈恋爱没有固定的模式，要根据实际情况和需求，如果盲目选择对象会给自己带来不幸和痛苦。

（2）确立婚恋目标。大学期间以学习为主，婚恋可作为高年级或毕业以后的目标。

（3）增加集体交往，在集体活动交往中增加同异性同学之间的友谊。

（4）放松，以缓解紧张、焦虑的情绪反应。

（5）消除虚荣心，增加对不同舆论压力的承受能力。

（6）培养独立思考、独立处理问题和解决问题的能力，培养把握和驾驭自己的能力。

恋爱的道德

1. 要真诚、坦白、互相尊重

恋爱时要诚实、礼貌、坦白地说明自己各方面的情况，使对方对自己有一个全面的了解与认识。用隐瞒和欺骗的手段去骗取对方的爱情是不道德的。一经建立恋爱关系，就要专一，要尊重对方的人格和感情。

2. 要有较强的责任心

爱情是甜蜜的，爱情也是娇嫩的，需要双方精心地培养。一方有权利与另一方享受充分的爱情，同时也承担着维护和发展另一方爱情的义务。爱情是一个人精神生活中十分重要的内容，甚至是恋人的精神支柱。因此，任何一方都要有为对方负责的态度，避免伤害对方的感情，这也是我们中华民族的优秀传统文化和宝贵财富。

3. 在恋爱方式上要文明、健康

轻佻、放纵感情的举动是不文明、不健康的。双方要互相尊重和爱护，尽量把精力放在了解彼此的人品和性格等方面，情到深处，发生性行为时要做好保护措施，对于还没有能力承担后果的学生来说，这样做也是男方对女方的一种爱护和尊重。

4. 要冷静、理智地对待失恋

爱情不是一帆风顺的，会有挫折和失败，不能因失恋而置工作、学习于不顾，精神萎靡不振，要做到失恋不失志、不失德。这是由于恋爱双方都是平等自愿的，任何一方不能强求。那种不成恋人便是仇人的报复和嫉妒心理，是导致错误行为的种子，一旦造成恶果，必然是害人害己的结局。人生道路是坎坷的，出现失恋不足为怪，俗话说“天涯何处无芳草，人间处处有真情”，只要自己自强不息，奋发向上，总会找到知音。

夫妻间的心理问题调节

婚姻是人类社会一个永恒的话题。大多数人对婚姻问题，总是就事论事，以至于往往陷入抱怨和猜测中。婚姻问题的根源还在于心理状态的正确与否，只有很少人能意识到并学会调整心态。某些心理问题对婚姻的影响很大。

夫妻感情出现问题的因素

1. 错误的性观念

一对夫妻在大学恋爱，毕业结婚，一年后有了孩子，生活甜蜜幸福。有小孩后，一方面太忙，另一方面也是怕怀孕，两个人很少同房。开始双方都没有什么意识，以为没有大矛盾的日子就是好日子。她一心管孩子，他也帮着做家务，两个人每天忙忙碌碌的，时常没有什么“性”趣。后来，她担心孩子哭闹影响丈夫休息，干脆分房睡觉。

这样一晃三年，表面看也没有什么不好，他很爱儿子，对妻子也不错，只是在家里吃饭的次数越来越少，晚上回来的时间也越来越迟了。她工作也很忙，所以没怎么留意，依然细心照料孩子、丈夫，她以为这就是美满夫妻。今年情人节，她做了一桌子饭菜等丈夫回来，不想他半夜才归，她抱怨了几句。丈夫沉默了一会儿，突然说：“我们离婚吧！”她一夜未眠，她不明白两个非常相爱的人为何突然间有了问题，她不知道自己的婚姻究竟哪里出现了问题。

双方性观念比较落后，他们结婚初期缺少性生活经验，性生活还没有充分磨合就怀孕，产后种种原因又使夫妻的性生活没有恢复。在长达三年的无性婚姻生活中，双方的感情已经逐渐淡薄，女方竟然还一点儿觉察都没有，男方也没有发现症结所在。其实没有性的爱是不完美的，有缺陷的，爱也容易变质。错误的性观念与性知识的普及有关，这不光会带来很多困扰，引发心理疾病，严重的会导致夫妻感情破裂。

2. 歧视心理

小张与小何认识七年，已经同居。最初，小张向小何求婚，但小何的家人以小张是外省人，没有经济基础为由不同意他们俩结婚。小何虽然爱小张，但也常把亲人的压力转嫁给他，时常对其发脾气。小张一直忍受，努力工作，并包揽大部分家务。

近四年，小张事业发展得很快，小何也喜滋滋的。去年春节，小张再次提出结婚，小何没回答。情人节这天，两人相聚，小张神情肃穆，竟然提出分手，理由很简单，那就是他已经不再爱她。小何问为什么?小张说不为什么，并要求往后只能电话联络，不要见面，有事可以帮忙，并给出半年时间让小何来适应。小何很痛苦，更觉大惑不解，情绪非常激动，连续一周彻夜不眠。

女方的经济优势和本位主义的歧视心理是这桩事实婚姻失败的主要原因，女方及其家人因为经济条件较为优越，对小张这个外省人有种居高临下之感，粗暴地破坏了婚姻得以维持的最基本条件——平等。

3. 男方没有情趣

王女士的丈夫虽然是个很有责任心的人，可是没有一点儿生活情趣。他们没有共同的爱好，没有相似的人生背景与生活阅历。与丈夫结婚十年了，王女士总觉得他们之间始终隔着一层看不见的东西，这使他们之间的沟通不畅，但王女士又说不清楚这层东西是什么，她也不知道如何拨开这层东西。

丈夫有责任心，有爱心，但王女士总觉得他们之间缺少点儿什么，王女士时常对他们的婚姻感到不安。那他们的问题到底出在哪里呢?

这是一个很常见的家庭状态。丈夫是一个好人，也有责任感，但是，王女士在心灵上总觉得没有办法跟他交流。所以，她担心自己心中的“情”一旦有外人能倾听或了解，自己会忍不住出轨。非常多的婚姻都是这样的。在这个时刻，非常重要的事情是王女士要了解自己的需求，增加自己的情商，要与丈夫沟通，让他明白她所需要的。

4. 猜疑让婚姻越来越脆弱

不信任、猜疑是导致婚姻破裂的罪魁祸首。张先生因为做生意常年不在家，前年上半年妻子怀孕后，张先生便歇了生意陪在妻子身边。可儿子生下来之后，张先生心里却开始结了个疙瘩：妻子生产比预产期早了一个月。偶尔朋友开玩笑说孩子长得不像他时，他心里就更别扭，老觉得别人是故意说给他听的，渐渐地也觉得孩子越看越不像自己。为了让自己心安，张先生一次又一次地向妻子提出带儿子去做亲子鉴定。在孩子三个月时，张先生带着妻儿到上海做了鉴定。得到医生肯定的结果之后，张先生悲喜交加，觉得“现在的才是亲生儿子”。可是他却没有意识到，通过亲子鉴定来证明妻子的忠贞，已经极大地伤害了妻子的感情，损害了夫妻之间应有的信任。最终妻子留下一封信离开了张先生。

大多数婚姻问题都是从一方或双方存在不信任、猜疑开始的，有的就直接导致离婚。

5. 越来越多的夫妻问题与性有关

现在越来越多的妻子为夫妻间的性生活而烦恼，而且越来越敢说出口了。一个女的拉着丈夫去诊所，因为那女的总觉得男的不愿跟她过夫妻生活，她觉得自己的丈夫要么是生理有问题了，要么是外面有情人了。为此，她整天高兴不起来，觉得自己很可怜。后来一了解才知道，其实，这时候丈夫也在怀疑自己的妻子为何对自己没了激情。夫妻生活的缺乏，容易使妻子的神经变得敏感。

女的有需要，男的也有需要，这些生理上、心理上的想法，夫妻坦诚沟通后还是能解决的。

6. 婚后十年最容易出问题

都说是“七年之痒”，其实婚后十年前后是婚姻的最危险期。

原因有好几个：一是结婚十年，彼此之间的激情在消退；二是这一阶段孩子的教育到了需要相当重视的时期，夫妻难免会有意见的分歧；三是这一阶段的夫妻，男方的事业通常到了关键的上升期，外面应酬一多，女方在家里难免会觉得情感不好受。

另外，三四十岁的中年女性，在感情中更容易受伤。三四十岁的中年女性大多有一定的经济实力，一旦家庭、婚姻生活出现变故，变得情感空虚、性格软弱，就很容易被人乘虚而入，为情所惑。因此，中年女性与异性交友相处时，更要多一分理智和冷静，切不可寻求一时的调剂而陷入感情的“旋涡”。

现在不少人都在讨论维系婚姻靠的是责任还是感情的问题。不管怎么说，责任感对维持婚姻的稳固起到很重要的作用，这一点毋庸置疑。所谓责任便是男女双方要对自己的家庭共同承担的义务及自己在家庭当中享有的权利。责任包含权利和义务，即妻子对丈夫的权利和义务、丈夫对妻子的权利和义务。婚姻仅仅拥有爱情是不够的，一段美满的婚姻，它不仅需要爱情来滋润，更需要彼此的尊重与理解、忍让与信任，还有更重要的是责任。要想让婚姻持久，夫妻关系的处理更是非常重要的，它是一门艺术。

夫妻心理问题的调适

和睦相爱的夫妻总是令人羡慕，和谐美满的家庭生活总是令人向往。婚姻关系既是美妙的，也是令人棘手的。那么如何才能调适好夫妻关系呢?

1. 在调适处理夫妻关系中，我们应该注意容易造成夫妻间裂痕的问题。比较突出的不外乎几种情况：

（1）说谎。夫妻间最可贵的东西是相互信任，信任消失，裂痕就会出现。幸福的婚姻要求彼此绝对信任，信任与诚实是夫妻融洽的黏合剂，大凡和睦家庭都是讲求这一条的。

（2）揭短。俗话说："打人不打脸，骂人不揭短。"夫妻间互相揭短是最伤感情的。有的夫妻当火头上来时，就把这种心理默契撕毁了。一些夫妻往往以最刻薄的语言吵骂，用揭短的方式使对方感到难堪。这种一时火盛而压倒对方的做法虽然能给自己刹那间的痛快和满足，但长远下来，就会伤害对方的自尊心和感情，给两颗心灵的深处划下一道鸿沟。如果我们真有长结秦晋之好的愿望，使夫妻感情能像蜜月般如胶似漆、心心相印，那就要切记：勿揭伤疤。

（3）任性。注意克制自己，注意相互调适和适应。

（4）猜疑。猜疑的祸水会淹没爱情之花。夫妻间应多交流，交心是巩固、稳定夫妻感情的好措施；交心使心灵得到安慰，减轻不满和悲观情绪。

（5）保持夫妻间的性魅力。国外对这方面研究更深，夫妻间的性魅力能使人拥有地久天长的亲密关系。牢固的婚姻孕育信任，而这个秘密就在于夫妻懂得利用"嬉戏"和"身体语言"，使彼此在对方眼里始终保持着性魅力。

2. 和谐的夫妻关系应注意以下几点：

（1）在夫妻沟通时，要雪中送炭，不要釜底抽薪。老张妻子的钱包丢了，心里十分难过。老张说："舍财免灾。丢了钱可以提高警惕，以后就不会再丢，都怪社会治安不好，又不是存心丢钱，气它干什么，气坏了身体划不来!"妻子听了乐滋滋的，感到有这样宽宏大量、能体贴自己的丈夫是最大的幸福。小刘却是另一种态度。妻子丢失钱包时，他正在生气。他不仅不宽慰她，反而说："活该你倒霉!我早就叫你小心点儿，你不听，这下好了，一个月工资全完了!"妻子心里增加了更大的压力，同时也产生了一种"丈夫无情"的印象。虽然，她此时无力反驳丈夫幸灾乐祸的态度，但她的心与丈夫拉开了距离。夫妻间的感情是伤害不得的啊!

（2）夫妻感情在体贴中加深，遇到困难、病痛相互关心、体贴，做患难夫妻。在单位里，有对患病的夫妻，丈夫患糖尿病，妻子除了对丈夫体贴入微外，还与丈夫同吃一种饭菜。因为糖尿病人不能吃高蛋白、高脂肪食物，菜油都得限制。妻子为了丈夫的健康，每天千方百计做适宜丈夫吃的菜，自己也少吃肉，丈夫多次劝她吃好些，她总说："我习惯了。"

（3）夫妻感情要专一，问题出现后要"对症下药"。这几年离婚率上升，夫妻不和的数量渐渐攀升，问题出现后我们如何处理好，这也是摆在我们面前的新课题。英国女王伊丽莎白由于国事繁忙，和丈夫一起时间较少，第三者乘虚而入，女王知道后，不动声色地改变了过去的做法，抽时间陪丈夫游玩、交心，用妻子的爱和温情感动丈夫。丈夫被妻子的诚意深深打动，义无反顾地回到妻子身边。

3. 夫妻双方都要有责任心，要互相体谅，减少矛盾冲突。

为了使家庭生活变得幸福、和谐，在此摘录外国研究家庭问题的专家提出的十点建议，与大家共勉：

（1）当一方发火时，另一方要冷静；

（2）若有批评的话，请以温柔的声调说出；

（3）凡事都忍让一点；

（4）说话不要大声叫嚷；

（5）不要提对方过去的错事；

（6）你可以轻视全世界，但除了你的伴侣；

（7）争议时不要拍桌拍凳；

（8）每日起码要向对方说一句仁慈的话；

（9）若做了错事，要请对方原谅；

（10）虽然吵架两个人都有错，但最错的是讲话最多的那个。

总而言之，在家庭生活中大家应遵循互敬互爱，互信互帮，互慰互勉，互让互谅的"八互原则"。夫妻之间多一点儿自责，少一点儿指责；多一点儿宽容，少一点儿埋怨；多一点儿主动，少一点儿被动，不断培养新情感，减少矛盾冲突，用爱的感情之弦弹出家庭生活和谐的乐章。

慢性疲劳综合征的调适

在即使加班也不可能完成的工作面前，与身体的疲惫相比，精神上的倦怠更令人难以忍受。上班与下班没有区别，大脑如同24小时转动的机器，即便处于睡眠状态，脑海里工作进度、业绩报告、营销计划乱糟糟地搅成一团，最后只剩下焦虑的意识。

王明是深圳一家电子产品公司的销售经理，他在这个职位上干了快两年的时间。他的一天通常是这样度过的：早晨8点起床，开车去公司，早餐通常是一杯速溶咖啡，然后开始工作。在文件和电脑前度过上午的几个小时，中餐是一个盒饭或是宴请客户。下午又在办公桌前坐几个小时，晚上大多数时候是一些应酬，或者对着电脑整理业务数据和报告，回到家往往已经是深夜，身心疲惫的他只能用“苟延残喘”来形容。销售业绩月月创新高，每个月都在向新的纪录冲刺。他工作起来像自虐，心累得很，一点儿都不像年轻人的样子。王明明显感觉到目前繁重的工作和压力已经超出了他身体所能承受的范围。事实上，在大城市里像王明一样长期受到慢性过度疲劳状态困扰的人很多。

慢性疲劳综合征是指健康人因不明原因而出现的严重的身体倦怠感，并伴有低热、头痛、肌肉痛、抑郁、注意力不集中等精神症状，有时淋巴结肿大而影响日常生活的一种临床综合征。美国有500万人患这种病；俄罗斯有1／4的人患这种病；日本人的患病率高达60%～77%，日本不仅是慢性疲劳综合征发病率最高的国家，“过劳死”也为世界之首。据报道：1987—1989

年，日本发生的“过劳死”病案达1800例。患“慢性疲劳综合征”的人和“过劳死”者主要为中年男性中的企业老总、知识分子、政府部门官员等。

我国也面临同样严峻的问题，中年知识分子和企业骨干情况尤为严重。一项对深圳、上海、无锡1197位中年人健康状况的调查结果表明，66%的人睡眠状况不佳，白天工作无精神；62%的人经常腰酸背痛，一工作就累；51%以上的人记忆力减退、脾气暴躁、焦急。

如何自测疲劳

有些疲劳的表现症状是很细微的，不易被发现，以至于有些人已经陷入疲劳状态自己还不知道。所以，有必要进行早期的自我测定，进一步了解自己的身体状况。

疲劳的早期检测：

疲劳的早期是有信号的，我们可以根据信号进行自检，以确定自己的疲劳程度与状况。专家列举了以下20项症状：

（1）早晨懒得起床。

（2）电车或公共汽车开来了，也不想跑着赶上去。

（3）上楼梯时常常绊脚。

（4）不愿与上级或外人见面。

（5）写文章或报告时，总爱出差错。

（6）说话声音细而短。

（7）不愿与同事谈话。

（8）总托着脸呆想。

（9）过分地喝茶或咖啡。

（10）不想吃油腻的东西。

（11）很想在饭菜上撒上辣味的调料。

（12）总觉得手脚发硬。

（13）眼睛睁不开。

（14）老是打哈欠。

（15）想不起朋友的电话号码。

（16）把脚伸到桌上。

（17）对烟酒过度嗜好。

（18）不明原因的肥胖或体重下降。

（19）容易泻肚子或便秘。

（20）想睡觉，但上床后却不易入睡。

上述情况如果你符合两点，说明疲劳是轻微的；如果有四点，就是中等疲劳，可以称为慢性疲劳了；如果你有六点以上，那就是过度疲劳了，说明身体已经有了疾病，必须引起注意，应该上医院认真检查一下为好。

在我们普通人的印象中，疲劳只要通过休息就可以消除了，似乎疲劳就意味着要休息。对于单纯由体力消耗引发的疲劳固然可以这么理解，然而慢性疲劳综合征却不是仅仅由体力消耗所引发的，当然也不是单靠休息就能解除的，它更重要的意义是一种疾病的预警信号。可以这么理解：患慢性疲劳综合征的人既有发展成为病人的可能也有转化为健康人的希望，它意味着人体处于向疾病发展的潜伏过程中。这个过程发展成为典型的疾病状态可以很快，也可以很慢。不同职业、不同生活方式、不同心理状态、不同年龄的人之间的差别可以很大，而且往往因为不典型而容易被人们忽视。但不管怎么说，它已向我们的健康敲响了警钟。处于慢性疲劳综合征状态的人在免疫系统、神经系统、内分泌系统等重要生命控制中枢都存在着异常，如不引起重视，后果将是严重的。现代社会威胁人类健康的病症如：恶性肿瘤、高血压、糖尿病、溃疡病、肝炎以及肥胖症、过度消瘦、高血脂、失眠、月经不调、性功能障碍、肌肉酸痛、不孕不育、抑郁症、焦虑症、精神分裂症等，都与慢性疲劳综合征有着非常密切的关系。所以说慢性疲劳综合征是威胁现代人健康的隐形杀手，是使现代人寿命缩短和生活质量下降的危险因素。

产生慢性疲劳的原因

慢性疲劳综合征的发生是与生理、心理和社会等多种因素密切相关的：

1. 不良的生活方式，包括长期睡眠不足、吸烟、酗酒，食物中动物类食品过多，食无定时，吃得过多、过油、过饱，运动或体力劳动不足等。

2. 内心孤独，情感无法正常宣泄。现代人的内心世界是复杂而又封闭的。生存竞争的残酷，居住方式和交往方式的改变，缺乏适宜的心理调适技能等，都使得现代人的内心处于孤独、渴求关爱的状态。内心的情感得不到合适的交流与发泄，心理上的变化积蓄到一定程度必然反映到生理上来，影响生活质量。据人口调查资料显示，离婚者与夫妻恩爱者相比，男性寿命平均短十二年，女性平均短五年；丧偶者，因病死亡的机会要比同龄人高出十倍以上；离婚者三年的患病率要比婚姻美满者高出十二倍。

如何应对慢性疲劳综合征

1. 保证睡眠

伴随着社会的变革和人们生活方式的改变，睡眠不足已成为当今最普遍的健康和社会问题。睡眠一般占据人类生活三分之一左右的时间，它和每个人的身体健康密切相关。世界卫生组织确定“睡得香”为健康的重要客观标志之一。当感到情绪不佳或者身体不适时，美美地睡上一觉后，人们会觉得精神倍增，身体的不适也会有所减轻，体力恢复如常。正常成年人每天的睡眠时间应保证不少于七小时。

2. 均衡营养，不吸烟，饮酒适量

没有任何一种食物能全面包含人体所需的营养。西方营养学家提倡，每人每天要吃五种以上食品。既要吃山珍海味、牛奶鸡蛋，也要吃杂粮、蔬菜、水果，这样才符合科学合理的均衡营养观念。饮食合理，疾病就不易侵入。还要注意饮食方法，勿暴饮暴食和大饥大饱，一定做到定时定量，均衡消化，保证营养。吸烟对健康有百害无一利，被动吸烟更是受害无穷。有人认为吸烟能解除疲劳、提神、醒脑，这是因为烟有轻度的麻醉作用，可使人暂时周身轻松，特别是在疲乏、烦闷的时候，吸烟似乎有此功效，但这只是暂时的表面现象，连续吸烟最终使人感到非常疲劳。酗酒不仅直接伤害胃黏膜，而且有损肝脏和大脑，还容易引发意外伤害。因此，要想摆脱慢性疲劳综合征，戒烟和适量饮酒是必须的。

3. 动养兼顾

人的健康躯体是一种神与形的有机结合体。人的健康状态一方面来自自身的思想意志，即一个人要用运动来养护，这样才能使人的思维、各内脏器官功能都保持健康状态，人才能显得精神无比。所谓动，就是指要积极参加力所能及的体育运动。锻炼或体力劳动，这对从事脑力劳动的人来说更为重要。选择的形式可依个人兴趣和体质而定，运动量可逐渐增加，以第二天不感到无法恢复为宜。所谓养，则指闭目养神或打个盹儿之类的消极休息方法。相对而言，从事肌肉负荷不重的运动或体力劳动要比单纯静养更能有效地消除慢性疲劳。

4. 培养兴趣

广泛的兴趣爱好，会使人受益无穷。它可以增加你的活力和情趣，使生活充满生机、更加丰富多彩。人们在娱乐活动中，不仅内心的情感得到宣泄与交流，而且有益的活动还可以修身养性、陶冶情操，并能够辅助治疗一些心理疾病。

5. 善待压力

心理学家认为，人之所以感到疲劳，首先是情绪使我们的身体紧张。因此要学会放松，让自我从紧张疲劳中解脱出来。善待压力，首先，要树立正确的处世观，把压力看作是生活不可分割的一部分，做好抗压的心理准备。遇到突如其来的困难和压力，不要惊慌失措，要静下心来，审时度势，理顺思绪，从困境中找出解决问题、缓解压力的办法。其次，要确立切实可行的目标，切忌期望过高，因无法实现而导致产生心理压力，倘若目标经过积极努力有可能实现，无论出现何种困难都不要退缩和逃避，要借助压力的刺激，不断强化自己的意志，充分发挥全身的能量，达到目标。

中年人的自我调节

中年一般是指35到60岁，这是一个非常特殊的年龄阶段。这个年龄段的人有社会、家庭、生活、工作多种负担，一旦调节不力，就会出现心理问题。每个人都必须对自己生理上、心理上以及社会角色上的变化进行自我调节，以更好地适应中年的工作和生活。

中年的时候身体心理的变化

1. 身体变化

对身体的变化，中年人一般不易觉察，不重视也不情愿看到身体的变化，因此通常适应得很慢。然而中年人必须承认并正视身体的变化，要及时觉察并认识自己的身体毕竟不像青年时期那样健壮，功能也不如以前那么好了。

中年人必须接受生殖能力下降或消失，性欲和性冲动也随之降低的事实。

中年人必须接受不喜欢的、象征着岁月不饶人的生理变化，同时也必须加以适应。

在人生旅程中，对身体变化最难适应的就是更年期，女性比男性更不容易适应。由于女性进入更年期后，心理波动通常比男性大，若没有充分的保健与准备，很容易产生更年期综合征。

2. 家庭生活变化

进入中年时，一般来说子女都已长大，有的离开家门去外地求学、工作，有的则成家以后自立门户。因此，一些中年夫妇就得单独生活，互相依赖着过日子。

性的适应对中年夫妇的关系也非常重要。虽然性适应不良不一定会导致痛苦的婚姻或离婚，但却是中年人对婚姻感到失望的因素之一。中年期，随着年龄的增加，尿道变得很敏感，前列腺也常常出现麻烦，此外，性高潮的达到也费时较久；而女性到达更年期后，由于阴道趋于干枯，性交时有时会产生疼痛的感觉，容易产生性冷淡。调查表明，夫妻性生活的不和谐是导致中年离婚的一大因素。

中年期的鳏寡不管是由于死亡还是离婚，都会造成适应上的麻烦。中年丧偶，即表示鳏寡将要度过寂寞的余生。中年期再婚的人，也会面临夫妻之间的再适应及生活方式的再适应问题。此外，中年人还面临着对子女及其配偶、对年老父母关系的处理与适应问题。

3. 工作、人际关系的变化

中年人在工作中，由于职务的升迁或工作类别的变化，存在着一个适应的问题。这个问题如果处理不当，就会影响同事之间、上下级之间的人际关系。

可见，中年人所面临的、需要适应的问题很多、很艰巨。心理健康与否，关系到你是否能工作得愉快，生活得幸福。心理健康是可以通过一系列的方法来调节的。

中年人的心理调节

1. 情绪调节

情绪是心理健康的窗口。健康情绪的标志是情绪的目的性恰当，反应适度，正向作用强。情绪会干扰大脑的功能，愉快的、积极的情绪会促进大脑功能的发展；而不良的、消极的情绪会使人体激素分泌、免疫功能等发生不正常的波动，从而导致身心疾病。中年人的情绪调节，一方面是培养良好的品行和性格以拥有并保持良好的情绪，另一方面学会克制、约束某些情绪的表达，寻找适当的方式疏导，并主动宣泄一些不良情绪。如培养良好的品行，培养良好的性格，做个乐观的人，学会宽容，富于幽默感，学会一些驱

除不良情绪的方法。比如：找人倾诉、大哭一场、转移注意力、压抑消极情绪、主动退避、参加有益的体力劳动等都是很好的驱除不良情绪的方法。

2. 自我意识的调节

有些人常常过高地估计自己的能力，把自己的理想和抱负定得过高，当理想与现实产生巨大的差异时，就会终日郁郁寡欢，中年人应学会剖析与认识自己，对自己的能力应有正确的估计和认识，能在不违背社会规范的情况下做有限的个人发挥。要量力而行，切不可急躁冒进。此外，中年人应该正确判断自己擅长做什么，哪些事情能比别人做得好；同样，也应该知道自己的弱点，有哪些事情自己做不好或者根本不会做。例如，有的人对数学不感兴趣，而对文学创作感兴趣，那么，就不要强迫自己成天干与数学有关的工作，即使这种工作使其收入颇丰。人到中年，应该进入自己喜欢干并且善于干的工作或领域。总之，能把自己的目标和要求定在自己的能力范围之内的中年人，自然就会事业有成，心情舒畅。

3. 培养坚强的意志

坚强的意志是心理健康的良好表现，一个意志坚强的人，在不幸与挫折面前，从不怨天尤人、悲观失望，在逆境中能看到希望，坚定自己能战胜挫折的信心。要学会忍耐寂寞，在人的一生中，中年时期要相对寂寞些，但是，只有具有坚强意志、耐得住寂寞的人才会比别人有更多的收获。

4. 既要不断充实自己，又要不过分苛求自己

充实自己很重要，只有有准备的人，才能在机遇到来时，不留下失之交臂的遗憾。生活在现代社会的中年人，应不断学习，努力提高自己的工作水平和业务能力，经常将自己的能力与环境的需要进行比较，找出差距，不断改进。只有这样，中年人才能适应社会发展的需要，跟上时代前进的步伐，才能保持良好的情绪。此外，中年人也不能过分苛求自己，如果经常制定一些超出自己能力的要求和目标，则常常会使自己处于失望与压抑之中，从而极大地影响自己的情绪。

5. 培养良好的人际关系，建立属于自己的关系网

当一个人渐渐离开了朋友，喜欢过孤独的生活时，就表示他已经开始

出现不健康的心理趋势。人与人之间，正常、友好的交往是维持心理健康必不可少的条件。良好的人际关系对中年人的心理健康极其重要，中年人步入社会已有相当长的一段时间，在与人的交往中形成了纵横交错的人际关系网络，在与同学、朋友、邻里交往中应真诚相待、与人为善、宽容豁达、乐于助人，切勿刻薄刁钻、落井下石、搬弄是非。与人交往总免不了磕磕碰碰，只要不是大的原则问题，应该与人为善、宽大为怀，具有那种“何事纷争一角墙，让他几尺也无妨”的宽容气概。此外，要与配偶、父母、子女、兄弟、姐妹保持良好的关系。温暖和谐的家庭是中年人的避风港，亲人的理解、关怀和支持对中年人的心理健康非常有利。

人到中年，应该建立一个由朋友组成的关系网，这样，无论在工作还是生活中，别人遇到麻烦可以求助于你，而你有困难时也能得到他们的支持和帮助。一个关系网不是一夜之间就能建立起来的，它有时需要十年、二十年的编织。而一旦建立了这样的关系网，你会更加自信，办事也会更加顺利。

职业的心理适应和保健

适应职业是一个人从事某项工作时必须具备的生理、心理素质，它是在先天因素和后天因素相互作用的基础上形成和发展起来的，适应职业可以提高工作效率，减少事故。那么如何才能较快地适应所从事的职业呢?有什么方法可以保持心理健康呢?

职业的适应

1. 尽可能地选择自己喜欢的职业

选择自己热爱的职业能最大限度地激发自己的工作热情，这样，由于对工作充满了热情和具备了良好心态，即使在走上新的工作岗位，与原来自己理想的工作存在差距时，也比较容易进行自我调整，进而主动去克服所遇到的困难。

2. 培养对自己所从事职业的兴趣

在当今环境下，劳动者虽然能自主择业、自主流动，但并不是每个劳动者都能在短时间内找到自己所喜欢的工作。年龄、性别、文化程度、机遇及能力等诸方面的差异，导致了劳动者一时难以选择到理想的工作岗位。在这种情况下，必须培养自己对所从事的职业的兴趣。兴趣是促使自己积极进取的动力之一，在某种程度上可以克服许多职业上的不适应。

3. 加强学习，不断拓展知识面

人们要主动适应职业，唯一的办法就是加强学习，不断提高自己。知识是生存和职业适应的先决条件，在科学技术飞速发展的当今社会里，更多的工作岗位都要求劳动者必须具有良好的科学文化素养。具有广博的知识可使人们在不同的职业中具有更多的选择余地和较强的适应能力。

4. 既能适应新的工作岗位，又能适应新的环境

适应新的工作岗位，就是要熟练掌握所从事职业的技能、规范等，以使自己尽快投入工作。所谓适应环境，包括工作环境和人际环境两方面，其中主要是人际关系。在不同环境下的人际关系有所不同，无论在任何环境下，都要处理好人际关系。

心理保健方法

一些人很容易后悔当初没如何如何。以下方法能使你改变这种思维方式，转而向前看。我们思想上的抉择可能给我们带来激励，也有可能阻滞我们前进。清晰地规划目标是人生走向成功的第一步，要真正塑造自我和自己想要的生活，我们必须奋起行动。莎士比亚说得好："行动胜过雄辩。"以下方法可以帮你塑造自我，塑造那个你一直梦寐以求的自我。

1. 树立远景规划

迈向自我塑造的第一步，要有一个你每天早晨醒来为之奋斗的目标，它应是你人生的目标。远景必须即刻着手建立，而不要往后拖。你随时可以按自己的想法做些改变，但不能一刻没有远景目标。

2. 迎接困境

不断寻求挑战激励自己。提防自己不要躺倒在舒适区，舒适区只是避风港，不是安乐窝。它只是你心中准备迎接下一次挑战之前刻意放松自己和恢复元气的地方。

3. 要能调动好情绪

人开心的时候，体内就会发生奇妙的变化，从而获得阵阵新的动力和力量。但是，不要总想在自身之外寻开心，令你开心的事不在别处，就在你身上。因此，要找出自身的情绪高涨期以用来不断激励自己。

4. 让目标高远

许多人惊奇地发现，他们之所以达不到自己孜孜以求的目标，是因为他们的主要目标太小，而且太模糊不清，使自己失去动力。因此，真正能激励

你奋发向上的是确立一个既宏伟又具体的远大目标。

5. 加强紧迫感

20世纪作家阿耐斯曾写道："沉溺生活的人没有死的恐惧。"然而，大多数人对此视而不见，假装自己的生命会绵延无绝，唯有心血来潮的那天，才会筹划大事业，将目标和梦想寄托在丹尼斯称之为"虚幻岛"的汪洋大海之中。其实，直面死亡未必要等到生命耗尽的临终一刻。事实上，如果能逼真地想象我们的弥留之际，会物极必反地产生一种再生的感觉，这是塑造自我的第一步。

6. 要交乐观的朋友

对于那些不支持你目标的"朋友"，要敬而远之，因为你所交往的人会改变你的生活，所以要结交那些希望你快乐和成功的人。他们对生活的热情具有感染力，会使你在追求快乐和成功的路上迈出最重要的一步。因此，同乐观的人为伴，能让我们看到更多的人生希望。

7. 面对恐惧

世上最秘而不宣的是：战胜恐惧后迎来的是某种安全有益的东西。哪怕克服的是小小的恐惧，也会增强你对创造自己生活能力的信心。如果一味想避开恐惧，它会像疯狗一样对你穷追不舍。此时，最可怕的莫过于双眼一闭假装它不存在。

8. 要学会调整自己

实现目标的道路绝不是坦途，它总是呈现出一条波浪线，有起也有落。但你可以安排自己的休整点，事先看看你的时间表，排出你放松、调整、恢复元气的时间。即使你现在感觉不错，也要做好调整计划，这才是明智之举。在自己的事业波峰时，要给自己安排休整点，安排出一大段时间让自己隐退一下，即使是离开自己挚爱的工作也要如此。只有这样，在你重新投入工作时才能更富激情。

9. 直面困难

每一个解决方案都是针对一个问题的。困难对于脑力劳动者来说，不过是一场艰辛的比赛，真正的运动者总是盼望比赛。如果把困难看作是对自己的诅咒，就很难在生活中找到动力；如果学会了把握困难带来的机遇，你自然会动力陡生。

10. 首先要感觉好

多数人认为，一旦达到某个目标，人们就会感到身心舒畅。首先就要有良好的感觉，让它使自己在塑造自我的整个旅途中充满快乐，而不要等到成功的最后一刻才去感受属于自己的欢乐。加强“排练”，先“排演”一场比你要面对的事物更复杂的战斗。如果手上有棘手活而自己又犹豫不决时，不妨挑件更难的事先做。生活挑战你的事情，你可以用来挑战自己。这样，你就可以自己开辟一条成功之路。成功的真谛是：对自己越苛刻，生活对你越宽容；对自己越宽容，生活对你越苛刻。

11. 活在当下

锻炼自己即刻行动的能力。充分利用对现时的认知力，不要沉浸在过去，也不要沉溺于憧憬未来，要着眼于今天。当然要有梦想、筹划和制定创造目标的时间。不过，这一切就绪后，一定要学会脚踏实地、注重眼前的行动。要把整个生命凝聚在此时此刻。

12. 勇敢竞争

竞争给了我们宝贵的经验和机遇，无论你多么出色，总会人外有人，所以你需要学会谦虚。努力胜过别人，能使自己更深地认识自己；努力胜过别人，便在生活中加入了竞争“游戏”。不管在哪里，都要参与竞争，而且总要满怀快乐的心情。

13. 内省好处多

大多数人通过别人对自己的印象和看法来看自己。获得别人对自己的反馈很不错，尤其是正面反馈。但是，仅凭别人的一面之词，把自己的个人形象建立在别人身上，就会面临严重束缚自己的危险。因此，要把这些溢美之词只当作自己生活中的点缀，人生的棋局该由自己来摆。不要从别人身上寻找自己，应该经常自省并塑造自我。

14. 直面危机

危机能激发我们竭尽全力。无视这种现象，我们往往会愚蠢地创造一种追求舒适的生活，努力设计各种越来越轻松的生活方式，使自己生活得风平浪静。当然，我们不必坐等危机或悲剧的到来，从内心挑战自我是我们生命力量的源泉。圣女贞德说过："所有战斗的胜负首先在自我的心里见分晓。"

15. 精工细笔

创造自我，如绘巨幅画一样，不要怕精工细笔。如果把自己当作一幅正在描绘中的杰作，你就会乐于从细微处做改变。一件小事做得与众不同，也会令你兴奋不已。总之，无论你有多么小的变化，一点一滴对于你都很重要。

16. 犯错未必是坏事

有时候我们不做一件事，是因为我们没有把握做好。我们感到自己"状态不佳"或精力不足时，往往会把必须做的事放在一边，静等灵感的降临。你可不要这样。如果有些事你知道需要做却又提不起劲，尽管去做，不要怕犯错误。给自己一点儿自嘲式幽默，抱一种打趣的心情来对待自己做不好的事情，一旦做起来了就会乐在其中。

17. 不要害怕拒绝

不要消极接受别人的拒绝，而要积极面对。你的要求落空时，把这种拒绝当作一个问题："自己能不能更多一点儿创意呢?"不要听见不行就打退堂鼓，应该让这种拒绝激发你更大的创造力。

18. 放松自己

接受挑战后，要尽量放松。在脑电波开始平和时，你首先可以感受到自己的内在动力在不断增加，然后你很快会知道自己有何收获。不必祈求上天赐予你勇气，放松可以产生迎接挑战的勇气。

19. 从小事情开始

塑造自我的关键是甘做小事，但必须即刻就做。塑造自我不能一蹴而就，而是一个循序渐进的过程。这儿做一点儿，那儿改一下，将使你的一天（也就是你的一生）有滋有味。今天是你整个生命的一个小原子，是你一生的缩影。

明确职业定位

求职择业，是每个人踏入社会的第一步。如何找到适合自己的职业，我们首先要明确职业的定位。职业定位按常规的方法可以分为以下五类：

自由独立型

有些人喜欢独来独往，不愿在大公司里那样彼此依赖，很多有这种职业定位的人同时也有相当高的技术型职业定位。但是他们不同于那些简单技术型定位的人，他们并不愿意在组织中发展，而是宁愿做一名咨询人员，或是独立从业，或是与他人合伙。其他自由独立型的人往往会成为自由撰稿人，或是开一家小的零售店。

技术型

持有这类职业定位的人出于自身个性与爱好考虑，往往并不愿意从事管理工作，而是愿意在自己所处的专业技术领域发展。在我国，过去不培养专业经理的时候，经常将技术拔尖的科技人员提拔到领导岗位，但他们本人往往并不喜欢这个工作，更希望能继续研究自己的专业。

管理型

这类人有强烈的愿望去做管理人员，同时经验也告诉他们，自己有能力达到高层领导职位，因此他们将职业目标定为有相当大职责的管理岗位。成为高层经理需要的能力包括三方面：

1. 分析能力

在信息不充分或情况不确定时具有判断、分析、解决问题的能力。

2. 人际能力

影响、监督、领导、应对与控制各级人员的能力。

3. 情绪控制力

面对危急事件时，不沮丧、不气馁，并且有能力承担重大的责任。

创造型……………→

这类人需要建立完全属于自己的东西，或是以自己名字命名的产品或工艺，或是自己的公司，或是能反映个人成就的私人财产。他们认为只有这些实实在在的事物才能体现自己的才干。

安全型……………→

有些人最关心的是职业的长期稳定性与安全性，他们为了安定的工作、可观的收入、优越的福利与养老制度等付出努力。目前，我国绝大多数的人都选择这种职业定位。

为了更好地明确自己的职业定位，可以尝试以下方法：首先拿出一张纸，仔细思考以下问题，并将要点记录在纸上：

1. 你在中学、大学时投入最多精力的分别是哪些方面?
2. 你毕业后第一个工作是什么，你希望从中获取什么?
3. 你开始工作时的长期目标是什么，有无改变，为什么?
4. 你后来换过工作没有，为什么?
5. 工作中哪些情况你最喜欢、最不喜欢?
6. 你是否回绝过调动或提升，为什么?

然后根据上面五类职业定位的解释，确定你的主导职业定位。

正如许多分类一样，以上的分类也无好坏之分，之所以将其提出是为了帮助大家更好地认识自己，并据此重新思考自己的职业生涯，设定切实可行的目标。

排解工作压力

工作压力，长久以来是人们挥之不去的阴影，这不但会使自己身心受到压抑，同时也会间接对其他人造成影响。

压力无所不在，不过只要懂得如何正确面对，并适当地加以排除，为它找个出口，它是不会给精神带来太重大的伤害的。

一个身心健康的人，对周围事物会采取积极的态度，懂得自重和对人包容，同时也能从容地应对生活中的各类需求。

⊙ 测试你是否有压力……………………→

下面十个问题，请你根据当前情况，对问题做出回答，并评分，然后计算分数：

计分法：是，3分；不好说，1分；不是；-1分

（1）单位对我的工作要求清晰，我知道应该做什么，怎么做；

（2）我知道自己的职责范围，目前完全胜任；

（3）我有合理的工作目标，基本能够达到；

（4）我的业绩能够得到反馈；

（5）我目前的工作内容比较丰富；

（6）我对职业发展路径比较明确；

（7）我的工作时间相对弹性；

（8）我的家庭和工作关系比较协调；

（9）我对目前的单位有明显的责任感；

（10）我现在的团队会给我及时的支持和协助。

如果你的分数＞16分，恭喜!您目前的职业压力感处于上佳状态

和大多数人相比，您目前不会有太多的心理压力，可能您工作得比较轻松，也可能您具备化解心理压力的能力。

您通常不会被“失败”吓倒，因为您具有积极健康的心态，如果您涉世不深，还可能是因为“出生牛犊不怕虎”。这样的心态会让您较少陷于徘徊的境地，更多表现出轻松的状态。

您的压力状态，有助于您接受更大的挑战，同时您也要注意防范可能的风险。

如果您的分数＞10且＜16分，您目前的职业压力感处于一般状态

您目前的压力状态和大多数人相似，您在可控的情境中，压力会小，遇到不确定情境的时候，通常有明显的压力感受。

做决策的时候您会把结果看得较重，尤其担心面对“失败”，可能您比较在意别人的评价，可能您有些追求完美，但是您还是有一定的承受力，也具有一定的前进的动力。

您的压力状态在压力过小和过大的环境中，都会有明显的不适感。如果您现在处于重要岗位，需要适度减压，让您应对更大的挑战，取得更好的绩效。

如果您的分数＜10分，您目前的职业压力感处于不佳状态

您目前处于“高压”状态，有非常明显的压力感受，您会把很多人不在意的事情看得很重；您会担心失败，也会有一定的不安全感；可能您遇到困难有逃避倾向，也可能您不愿意承担责任。

您遇事内心顾虑非常多，决策谨慎，会出现思虑多、行动滞后的特点；您会把事情尽可能地做好，但是遇到挫折的时候，内心承受力比较弱。

您的压力更多的不是来自外部世界，而是来自内心世界。如果这只是最近出现的现象，需要尽快找到压力“源头”，想办法调节；如果是因为压力长久没有得到释放，积累到了现在的程度，需要拿出专门的时间解决压力问题。

要设法去排解种种的精神压力，才会有健康的生活。病从浅中医，如果对这些压力不闻不问，任其在心中不断地扩张，最后演变成精神沮丧症，情况就非常严重了。

⊙ 精神沮丧的症状……………→

精神沮丧有哪些症状？

（1）无时无刻不觉得情绪低落。

（2）忧虑不安和受到刺激容易发怒。

（3）对平日的活动无兴趣。

（4）常会在天未亮时就醒过来。

（5）没有食欲和体重下降。

（6）对事物集中力差和难做判断。

（7）感觉孤单无助和一无是处。

（8）通过酒精麻醉自己，获得解脱。

（9）死亡和自杀的阴影萦绕不去。

精神沮丧症并非不治之症，患上这种病的患者在接受治疗时，疗效反而非常显著，治愈成功机会很大。

⊙ 从压力中解救自己……………→

如果要使自己的生活充满乐趣，过得无忧无虑，可采取下列的各种方法舒缓心绪，解除积累的层层压力：

1. 别将心事往心里藏，找个有耐心、爱心又信得过的好友，把所有的不愉快向对方倾诉，使心理取得平衡。

2. 别因芝麻绿豆大的小事而耿耿于怀，徒增烦恼。暂时把这些烦人的琐事抛到九霄云外。看看书，或是观赏电影，都是很好的“发泄”渠道。

3. 与其将不满的情绪深埋心底，不如玩玩拼图游戏、做做园艺或重新粉刷房子，用忙碌使自己忘掉烦恼。

4. 为他人效劳，帮助别人解决困难，这样做在减轻压力的同时，也可使自己感到满足和有成就感。

5. 天底下没有无所不能的超人，更不可能事事都有完美的结局，找个自己胜任、愉快的事情去做，全心投入，别太计较得与失。

6. 在这个讲求工作效率的社会中，很多人都把工作视为生活的重心之一，常常忽略了个人的休闲活动。如果要身心健康，适当的娱乐休闲是不可缺少的。

7. 要拼才会赢固然没错，可是并不表示凡事都要取得第一，暂时把工作放一旁，尽量在轻松的玩乐中找回自己。

8. 跑步、游泳、步行和打网球等，都是有益身心的运动，身体和头脑是两位一体，只有在两者协调的情况下，才会取得最佳的效果。

要让自己有在职场生存的勇气

工作的时间久了，不免有激情消失、创意不再、情绪低落的状况出现，那时你是抱怨多如牛毛吓跑你的朋友或者爱人，还是好好地反省一下自己？其实，新鲜感来自你对工作、生活的细微发现。

◎ 超越自我……………→

优秀的领导都是通过后天的努力成功的，而他们追求卓越的过程，即使不是领导者的人也都可参考。一个人会成为卓越的领导人，关键是他（她）应是一个有勇气追求卓越的人，不随便妥协，也不随便放弃，并不过分自傲，对事业非常执着，而且勇气十足地去追求卓越。他当然可能失败，但你不能不佩服他的勇气。

◎ 与众不同……………→

个性独立、与众不同，即能独立思考与判断，从不人云亦云，不盲信盲从，不盲目追随流行，更不会哗众取宠。当然，更不能为了讨好上司、老板、同事而放弃原则或失去立场，更不能不顾真理和正义。

如果总是选择没有声音、没有意见，选择那些不问青红皂白、只站在人多或权力比较大的人的那一边，的确比较容易过日子。但是这样做尽管短时间内会让你的日子比较好过，却会让你在未来的日子里陷入更大的困境。

◎ 改变现状……………→

上班的人面对每天的工作，总会渐渐形成一种习惯。从好的一方面来

说，这表示对工作逐渐入门，越来越熟练了，碰到各种状况都知道应该如何去处理；但是从另一个角度来看，如果上班族每天面对每一个状况，都是用同一种思考模式、同一种方式来处理，很可能就会成为整个团队往前迈进的障碍。

因此，上班族应该建立自我挑战的习惯，常常自我挑战，别人还没有要求你改变，你自己就已经在那里求新求变了。

宽容别人

工作中，不论是与同事或与客户之间都是每天频繁互动的，也都会有不愉快的事。当不愉快的事情发生后，又往往不见得能够有机会、有时间好好去处理，于是多数人只好把这些不愉快放在心里面，而且总是忘不了。久而久之，我们的工作就变得很不快乐。

但原谅别人说起来容易，真要做起来却是很困难的。通常我们会面临需要原谅别人的状况，就是说那些得罪过我的人，如今落在我手里了，这时候，我是趁机好好报复他呢，还是不计前嫌，真心地去帮助他?因为我们在内心深处累积了太多的伤心往事，潜意识里已经深埋着对这个人的怨恨，原谅他们真的需要极大的勇气和胸怀，说到底，有这种勇气的人最后往往是朋友最多的人。

不做负面心理的奴隶

当代生活中有相当一部分人在不知不觉中让别人掌握、控制着，扮演着“心理奴隶”的角色，他们从事自己憎恶的工作，生活在不喜欢的环境里，做着违背自己意愿的事情……下面具体介绍“心理奴隶”的五种类型和防治方法。

“为时太晚”……………→

这种“心理奴隶”通常认为在某一年龄阶段时就应当做某件事情。比如有的认为自己错过了一个很好的机会，现在进退维谷、骑虎难下，只得听天由命。有的认为自己26岁已经太大了，无法再进大学深造。有的认为自己40岁了，无法再婚。

对策：

不要理会年龄的限制，要从生活中寻找鲜活的榜样。

不能苟且偷安，要有计划、有步骤地向着自己的理想努力。

“安全感”……………→

许多人宁愿吃“大锅饭”也不愿改革，这就是典型的“安全感”奴隶。缺乏想象能力是“安全感”奴隶共同的心理特征。其实风险是客观存在的，人类生存、发展，就是一个不断奋斗、不断消除不安全感的过程。

对策：

使生活变得丰富多彩、有声有色。

因为有风险才会有攀登，有困难才会有突破，有压力才会有奋起，有风

浪才会有搏击。因此要学会面对种种困难和罕见、未知的事物。

“别人怎样想”………………→

这种“心理奴隶”最普遍，对创造力和人格最具有破坏性，多见于心理不成熟的人。“我多说话，别人就会认为我爱出风头”“我做那件事，别人会嘲笑我”……这种“别人”式的想法使之成为“别人”思维的奴隶。大部分这种“心理奴隶”还会去倾听不够资格的人的忠告，这会严重影响他们的创造力。

对策：

如果你在模仿他人之后能感觉到快乐，不妨尽力去模仿。否则，你就应该按自己的方式去生活。

理智地面对别人的另眼相看、批评指责，因为职位越高，被人当作闲谈对象的机会就越多，被批评的机会也越多。

与敢作敢为、乐于助人、志同道合的人交朋友。

“注定失败”………………→

这种类型的“心理奴隶”缺乏自我意识，认为自己很渺小，无法真正看清自己。他们经常抱怨“我没有好机会”“我将会失败”“周围的人都在跟我作对”“领导没有看重我”……其实，思考本身就能左右事情发展，当一个人想要怎样时，他就真会变成那样。

对策：

经常使用良好的、积极的、建设性的词汇暗示自己，就会增强自信心。平时尽量从“为什么能做到”方面着想，而不应围绕“为什么无法做到”打转。

脑子里经常想着“我将要成功”“我是一位胜利者”，这会增强必胜的信念，并努力寻找各种“有助于成功”的方法。

“过去错误”

心灵被过去的失败创伤所控制，害怕任何新的尝试是其主要特征，“一朝被蛇咬，十年怕井绳”。他们因失败而灰心丧气，不懂得从失败中总结经验教训。“过去错误”的奴隶会损害人的探索能力，让人裹足不前。

对策：

将失败看成一种投资，就不觉得是损失了。有人说爱迪生为了造出第一个实用的电灯泡失败了999次，但他本人则认为自己发现了999种无法适用的方法。

如果能及时觉察出错误，那根本就不能算是错误。

清楚自己的职业心理年龄

打拼职场心态很关键。心态好，才能更好工作。成熟的职业心理是事业成功的有力保障。比起你的生理年龄，你的职业心理年龄多大了，是否已经足够成熟?

为帮助上班族们更好地了解自己的职业心理年龄，此套自测题，能让大家更好地了解自我，更好地适应职场。

职业心理年龄自测

开始答题之前请准备一支笔和一张白纸。看清题意后将答案写在白纸上。答完题后按后面的计分规则计分。

1. 在工作中，你比较喜欢跟哪一类人接触?

A. 比自己更强的 B. 需要自己的 C. 不太清楚

2. 如果工作需要你到一个完全都是陌生人的社交场合，你会:

A. 很自然 B. 有点怯场 C. 经常怯场

3. 当你的上司不赞成也不理解你的建议时，你会:

A. 听听他的意见并加以改进

B. 不再说话或者避开这个问题

C. 继续解释

4. 你知道对方说的是对的，但是对方态度很坏，让你非常生气，你会:

A. 感谢对方提供了好的建议

B. 表面上就不听你的，但是背地里改正

C. 气哼哼地按照对方说的做

5. 工作上遇到麻烦，下班后你会：

A. 从亲人或者朋友处得到安慰

B. 一个人出去散心，忘掉烦恼

C. 闷在心里，愤愤不平

6. 你的老板有事要请假，暂时由你来主管公司的一切事务，你的反应是：

A. 那我得增加工资，因为我的工作量增加了

B. 这是个表现的好机会

C. 哈哈，这下子没人再监视我啦

7. 当你的工作伙伴吃力地想教导你某件你很清楚的事，你会：

A. 委婉地告诉他你早就知道

B. 不说什么，但也不听

C. 等他讲完，再显示你对此道十分精通

8. 如果突然获得五百万元的大奖，你会选择：

A. 马上辞职，做点儿自己真正想做的事情

B. 把大部分钱存起来，继续努力工作

C. 买车买房，向同事吹嘘

9. 由于工作要求参加聚会，当你觉得情绪低落时，会：

A. 强作欢颜，不让人注意到不愉快情绪

B. 找个借口离开

C. 完全不掩饰情绪，但坚持坐到最后

10. 你认为同事们都觉得你是个：

A. 普通的人　B. 聪明的人　C. 老实的人

11. 你认为自己的工作和生活：

A. 目前的生活状况与自己的付出相符

B. 总是在花大量时间做自己不想做的事

C. 没遇上好机会，不然会有更好的生活

12. 看到工作中不合理的事情，你会：

A. 麻木了，见得太多了

B. 在可能的情况下会仗义执言

C. 很气愤并大声指责

计分方法：以上的选择题，选A得5分，选B得3分，选C得1分，把你所得的分数相加就是你的职业心理年龄指数了。

分值解释：

0～20分：职业心理儿童期

你本质上还是一个天真可爱的小孩。不切实际是你最大的优点和缺点。它让你更能感受快乐，也让你在生活中时常受挫。处于这种心理年龄的人大多数具有自发性，并在富有创造性的工作中表现较为出色，但缺乏耐心，像小孩子一样容易朝三暮四，所以，儿童型的人通常比较难以让人信赖。处在这个心理年龄的人，还需要在职场的风雨中多多磨炼，才能逐渐成熟。

21～40分：职业心理青年期

处于这种心理年龄的人通常是理想主义者，具有冒险精神，有乐观、专注、求知欲旺盛等许多令人喜欢的品质。但他们的一贯性和好斗性可能会很快演变成为固执和不妥协，因而容易导致同事之间发生分歧。此外，他们通常不信任直觉，受周围环境的影响很大。处在这个心理年龄的人，应该树立长远目标，克服短期行为。

41～60分：职业心理成熟期

你按部就班、循规蹈矩地走着你人生的每一步，你所在意和把握的是你现在的时间和岁月。你成熟、稳健、老练、实际，能够合情合理地处理现实工作中的种种矛盾，平和地看待完美与缺陷、获得与丧失。你能清楚地认识自己，能明确地分辨可能与不能、可为与不可为。你的同事有事情会来征求你的意见，因为，你很能给人一种依靠感。相信在你的工作单位，或是你的朋友圈子里，你应该是属于中流砥柱型的人物。

苦闷因“薪”情

可能工作中有很多种让人苦闷的事，而对于每个人而言，在各种苦闷中，“薪”情苦闷也许是最现实、最不开心的一种。一旦“薪”情苦闷起来，你的情绪恐怕会一落千丈。长期的“薪”情苦闷影响甚大。

心理自闭症

一心只想着“薪”情，忽略努力工作。老是想着自己薪水的人，很难对工作有热情。任何一个职场中人，一旦投入工作，就应该全力以赴。为薪水而工作，“薪”情只会更糟。面对越来越少的薪水，工作热情也越来越低，开始怀疑和压抑自己，最后只会越来越自卑和自闭。

李铃大学毕业后，她和人寿保险挂上了钩。推销保险是一项很辛苦的工作，刚开始的时候，李铃还信心百倍的，可是到了月底发薪的时候，李铃觉得薪水并不理想。她突然觉得在工作中笑脸相迎的重复也成了一种辛苦，自己的状态真是：“薪”苦、辛苦加“心”苦。背上了这“三座大山”，李铃陷入心理自闭的状态，自卑感如乌云压顶。这样她越是泄气就越是工作马虎，越是工作马虎薪水就越低，薪水越低就更自卑和自闭，如此就进入了一个恶性循环……

心理委屈症

时时刻刻都觉得自己怀才不遇，有失落感。表面上看，“薪”情苦闷的人争的是薪水，因为钱在某种程度上证明了一个人的能力。如果你心气很高可总是薪水不高，难免会有怀才不遇的感觉，于是消极情绪不断膨胀，积极进取的心态消失殆尽。一帆风顺的人最怕这种打击。

赵美在上学的时候一直是班上的尖子生，成绩优异，很受老师的器重。毕业后，她毛遂自荐进入了某私营广告公司，觉得自己找对了位置，准备大干一番事业。她很努力工作，可试工期过了半年，说好的工资非但没长，原有的薪水还掉了下来。赵美跑到人事部兴师问罪，得到的答复是：这是私营企业，完全按劳取酬。赵美觉得委屈和失落：自己的努力和才能为什么得不到认可呢？我那么拼命工作，到底有谁认同，我又得到了什么呢？

心理失衡症

不切实际的比较导致盲目的嫉妒。罗素说：“进步是比较的结果。”比较能给人进步的动力和参照，但盲目的比较会使人陷入误区，盲目的嫉妒就是其中的一种。不是在自己的努力里寻找快乐，而是在别人的拥有里寻找苦恼。结果非但没有进步，反而徒生烦恼。

邓兰大学毕业后进了外企，在某个小公司办事处任秘书。刚刚开始，邓兰还比较满意，觉得比起那些没有找到工作的和在国企的同学，自己还是幸运的，甚至还有点儿沾沾自喜。可自从一次同学聚会后，邓兰和那些在大公司的同学开始了频繁的联系。她看到工作好的同学有的已经有房有车，就非常嫉妒，总觉得自己是贫困户，什么都比不上人家……攀比的心态折磨着邓兰，她常常夜不能寐，渐渐地患上了严重的心理失衡症。

要努力走出“薪”情苦闷的困境，首先应该认识到，这个世界上最可贵的东西不是钱，而是你自己的精神。

让兴趣带你前行。有人说：“兴趣是最好的老师。”这足以证明兴趣对人的重要性。挣钱真正的动力不是钱，而是兴趣。为钱而工作因为缺乏主动性，难免单调乏味，反过来，如果能把钱和兴趣连在一起，让兴趣带领你前行，你的快乐就不仅仅来自金钱，而来源于更丰富的范畴，你也会因兴趣而快乐起来。

学会培养兴趣。兴趣分两种。一种是先天的，另一种是后天的。有些人天生就愿意做某件事，碰巧他的工作正好是他的兴趣所在。可如果你的工作偏巧不是你的兴趣呢?也没关系，因为人可以开发后天的兴趣。只要抱着热爱生活的态度，你随时能在大千世界发现自己感兴趣的东西。对工作的兴趣也是这样，只有你爱，你才会有。

放下“薪”情，关注事情。著名成功学大师拿破仑·希尔对钱发表过这样的论述：钱也通人气，钱也需要人的真诚。所以如果你陷入了长久的“薪”情苦闷，不妨品味一下希尔先生的高见。不管对事业还是对工作，如果能做到低头耕耘，不问收获，或者索性放下“薪”情，关注事情，不但专注的工作能化解苦闷，你出色的工作还能改变“薪”情。

培养好“薪”情需要技术。随着标准化的引进，专业化公司愈加重视尊重个人，而任何一个职场中人都应该懂得自我保护的措施，这在工作合同的签订上至关重要。工作不能只听凭对方的好恶，尤其对薪水问题，最好在工作之前，以劳动合同文本确认薪水的数额和支付方式，避免日后引起纠纷。这样既培养了好“薪”情，又保证了好心情。

职场中学会调节情绪

现在社会竞争如此激烈，要想在工作中一直顺利地朝前走，一定要学会控制自己的情绪，并积极调节负面的情绪，让负面情绪为你服务。

自我息怒的方法……………→

工作和生活中，难免有冲突，如不自控，冲突会愈演愈烈而影响工作、伤害与他人的感情。因此，掌握一些自我息怒的技巧是十分有益的。这里列举三个办法：

1. 平心静气

"首先降低声音，继而放慢语速，最后胸部挺直。"降低声音、放慢语速都可以缓解情绪冲动。而胸部挺直，就会缓解冲动紧张的气氛。因为情绪激动、语调激烈的人通常都是胸部前倾的，当身体前倾时，就会使自己的脸接近对方，这种讲话姿态能人为地制造或加剧紧张局面。

2. 闭口倾听

如果发生了争吵，切记免开尊口。先听听别人的，让别人把话说完，要尽量做到虚心诚恳、通情达理。靠争吵绝对难以赢得人心，立竿见影的办法是彼此交心。愤怒情绪发生的特点在于时间短暂，"气头"过后，矛盾就较为容易解决。当别人的想法你不能苟同，而一时又觉得自己很难说服对方时，闭口倾听，会使对方意识到听话的人对他的观点感兴趣，这样不仅压住了自己的"气头"，同时有利于削弱和避开对方的"气头"。

3. 交换角色

在人与人沟通的过程中，心理因素起着重要的作用，人们都认为自己是对的，对方必须接受自己的意见才行。如果双方在意见交流时，能够交换角色而设身处地地为对方想一想，就能避免双方大动肝火。

电视剧《继母》中，当年轻的继母看到孩子有意与她作对而搞恶作剧时，一时气愤难忍，摔碎了玻璃杯。但她马上意识到发生进一步冲突的恶果，想到了当妈妈的责任和应有的理智，便顿时消除了怒气，扫掉玻璃碎片并主动向孩子道歉，化解了母子间的矛盾。当冲突发生时，在内心估计一下后果，想一想自己的责任，将自己升华到一个有理智、豁达大度的人，就一定能控制住自己的情绪，缓解紧张的气氛。

让负面情绪为自己服务

情绪没有绝对的好与坏，只是有能否产生正面效果的问题!现在让我们重新来看一看某些常见的“负面”情绪，考虑一下它们可能为哪些积极的目的服务：

1. 生气

一种高能量的情绪，可以用来帮助我们做出反应并采取行动，可使我们能够克服那些本不可逾越的障碍和困难。

它经常与我们不喜欢的情况连在一起，它为我们提供能量使我们采取行动并对这些障碍和困难做出反应。生气就是“鼓气”，一鼓作气才能成功!

2. 悲伤

一种能促进深度思考的反应，能让人更好地从失去中获得智慧，从而更珍惜目前拥有的。

3. 后悔

找出得不到最好效果的意义，它提醒我们，需要找出一个更有效果的做法，同时，让我们更明确价值观在我们内心的顺序。

4. 左右为难

说明内心的价值观的排位尚未清晰明确。

5. 恐惧

一种高能量的情绪，恐惧可提高神经系统灵敏度，并能使意识性增强，这对我们提高对潜在问题的警觉性很有帮助。它可使我们获得本不能得到的信息，它还使我们具有迅速做出反应和在必要情况下逃避的能量。

6. 无可奈何

已知的方法全不适用，需要创新与突破思考。

7. 内疚

这是一种与评估是非对错连在一起的情绪。如果我们没有其他的方式评估与价值有关的行为的话，内疚可限制我们的行动选择范围。现在我们明白了这个道理，我们就能用更富有建设性的评估方法来取代内疚。

8. 紧张

太好了！它让我们有额外的能力去保证成功。

9. 害怕

不甘愿去付出本来自己认为需要付出的，或者觉得付出的大于可得到的。它促使我们对所期望的东西重新进行评价及对实现期望所采取的方法进行重新调整。

10. 惭愧

一件表面上已经完结的事，但还需要再采取一个行动的部分。

11. 失望

发生在所期望的目标已确定但又没有实现的时候，是一种能促使对期望做出重新评估及对实现期望目标所采取的方法做出重新调整的信号。

12. 讨厌

需要摆脱或者改变的提醒信号，帮助我们去找出改变及摆脱的方法。

13. 愤怒

一种高能量的情绪，可以充分调动身体的能量，准备对一个不愿接受的状况做出改变的行动。

14. 压力

是转变为动力之前的准备，就像弹簧一样，压得越低，弹力越大。

15. 忧虑

一种高能量的情绪，它把注意力集中在一个就要发生，但后果令我们担心的事件上。它让我们处于精力集中的状态并将变得兴奋，为我们提供为该事件做好准备的能量。

16. 痛苦

它使我们能避开危险，并提升人生经验的信号。

每个“负面”情绪其实都能给人一种推动力，推动当事人去采取行动。这种推动力或者是指出了一个方向，也可能是给予了一份力量，有的几乎是两者兼备。

因而我们所认定的“负面”情绪也许不像我们所认为的那样讨厌。事实上，它们都起到了非常重要的作用，是完全值得我们予以重视的，别忘了情绪本身就是一种推动力。

虽然很多人会提醒你，应该设法避开“负面”情绪，但我还是相信，所有的情绪都是为人服务的。

进一步说，所谓的“负面”情绪，多数都是把我们的注意力转移到了生活中那些不顺心的事情上。其通过把我们的注意力引向那些不顺心的事并使我们处于一种情绪状态，通过这种情绪状态我们能对所处的局面做出评价，所以这些“负面”情绪状态就可以帮助我们搞清楚事物并找到解决困难的方法。

这个方法可以帮助你自己摆脱被情绪控制的感觉，从而你就会拥有一种精神上真正自由的感觉。在生活中，在大多数的情况下，你完全可以选择你所要体验的情绪。

职场中贵在坚持

在面临很多压力的时候，千万不要让自己在焦虑状态下沉浸很久，因为焦虑会取代你的能力。

正确地审视自己的能力。中国的特殊现状造就了一大批年轻的高管，机会够好，但未必能够胜任，此时从职业黄金期跌落下来未必是坏事情，头脑

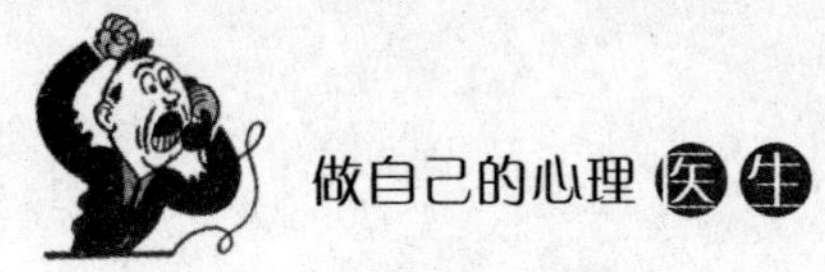

清醒之后，再搏也不迟。

学会用适当的方式化解焦虑，多跟同样处在职业黄金期的朋友交流，多跟业界、周边的智慧人士接触，获得心灵的支撑。

继续深造。黄金期与其他阶段不同，给自己充电的前提是不能影响工作，不脱产、不辞职。如需出国，学完尽快回来，即使老板没有培训计划，也要说服老板给你在职深造的机会。

保持足够的敏感。有时候敏感比能力更重要，因为大环境的变数太多，密切关注竞争对手的动向，带着自信去学习别人，带着自卑去超越自己。

遭遇困境时要相信自己，做自己的啦啦队。“势如破竹”，这个“势”就是心理能量的积累。

利用职业黄金期锻造职场白金承受力：宠辱不惊、云淡风轻、心境平和，与行云流水的职业技巧相配合，令你的内心更加强大。

职场上的最大危险是自己把自己看低了，觉得我也就是这样了，我不可能行，或者是把自己的现状看高了，觉得一切尽在掌握中。

如果感觉在一个行业已做到山穷水尽，就去开辟新的战场，但要保证你的核心竞争力得到延续，新战场离“行”不远或者为“行”服务。

只要你不急着放弃，职业就不会放弃你。

职业女性心病不少

当今的女性不仅要面对繁忙的家务，照顾老人、孩子，还要面对来自社会各方面的压力。长期快节奏、高强度的紧张生活已经导致她们的精神压力越来越大，出现年龄恐慌、心理疲劳、自信心不足等心理问题。

造成女性心理压力的原因

首先，由于市场竞争激烈，很多女性现在每天的工作不是8小时，而是11小时甚至更多，长期处在这种状态中，对她们的心理和身体健康都很不利。

其次，当今社会中，女性在就业、岗位竞争、提职、加薪等方面仍存在一定的劣势。而女性相对男性来说更爱面子，对于别人的评价更为在意，对不如意、不愉快的事情也容易积压在内心。

第三，职业女性不仅要做好自己的工作，还要花相当大的精力来为家庭和孩子付出，家务劳动和孩子的教育也在很大程度上由女性来承担。因为从传统文化的角度来说，女性的最大价值就是有一个好的家庭。

第四，女性由于生理因素，体内激素有周期性的变化，每一阶段都可以引起女性的心理冲突和危机，所以女性相对于男性来说，更容易发生心理问题，更易患心理疾病。

职业女性六大心理问题

职业女性正面临的心理问题，主要表现在以下方面：

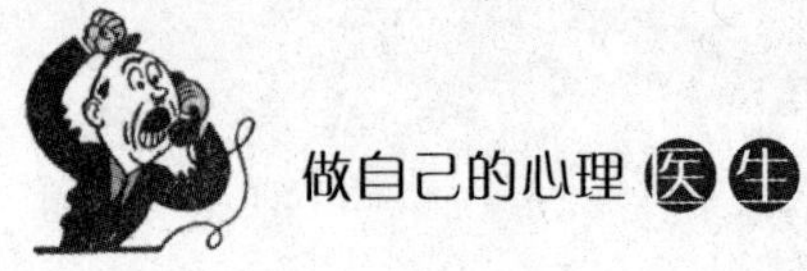

1. 年龄恐慌

由年龄而产生的恐慌症正在女性中蔓延开来。很多中年女性整天害怕自己会被老板解雇，害怕一旦被“炒鱿鱼”，会因为年纪过大而被众多招聘单位排斥。

2. 心理疲劳

随着工作时间的延长，家庭压力的增大，很多职业女性对工作的新鲜感逐渐减少，不少人出现了莫名的疲劳感。这种来自心理方面的疲劳感降低了工作效率，也削弱了职业女性的竞争力。

3. 寂寞难耐

不管是职业女性，还是在家做太太的人，也许都曾有过这样的感受：尽管生活和工作繁忙而紧张，可是，一旦停止忙碌，在夜深人静的时候，就会从内心涌出一股渴望，渴望将心中的烦恼、幻想和情感向人倾诉。但是，很难找到可靠的、有耐心的、能够沟通的听众。

4. 自信心不足

事业发展不顺利的时候，很多女性会怀疑自己的能力，很大程度上因为她们自信心不足，所以过多地消耗了她们的精力和时间，减弱了她们追求成功的动力，影响了工作效率。

5. 囊中羞涩

城市中大多数女性属工薪族，生活在繁华的都市，耳濡目染着都市的物质文明和现代气息，她们时常感到薪水太低，囊中羞涩。

6. 紧张

中年职业女性是单位的业务、技术骨干，是家庭的栋梁，上要照顾老人，下要抚育子女，在社会和家庭中都处于承上启下的角色，她们是最繁忙最劳碌的人群。她们还要在同事、亲属、家庭等纵横交错的人际关系中角逐。她们承受的各种压力较大，工作、生活节奏也较快，因而常常使她们处于某种紧张状态之中。

其实只要自己尽了力，做好自己的工作就行了，有些东西是急不来也想不来的。

现代社会中的女性，由于自身生理与心理特点的制约，多种角色的困扰及多种标准的评判，心理上的压力比男性更重，心理问题的发生较男性也更频繁。

面对这些看似棘手的问题实际上也不用慌张，照样有办法拯救自己：

1. 想象放松

通过想象，训练新的思维模式，在短时间内放松、休息，恢复精力，让自己得到精神小憩，你会觉得安详、宁静与平和。

2. 分散法

请你把生活中的压力问题列出来，你一旦写出来以后，就会惊奇地发现，只要你“各个击破”，这些所谓的压力，便可以逐渐化解。

3. 嗅精油

在欧洲和日本，风行一种芳香疗法。特别是一些女孩子，都为这些由芳草或其他植物提炼出的精油所倾倒。

原来精油能通过嗅觉神经，刺激或安抚人类大脑边缘系统的神经细胞，对舒缓神经紧张、缓解心理压力很有效果。

4. 养宠物益身心

一项心理学试验显示，当精神紧张的人在观赏自养的金鱼或热带鱼在鱼缸中姿态优雅地“翩翩起舞”时，往往会无意识地进入“宠辱皆忘”的境界，心中的压力也会大为减轻。

5. 顺其自然法

辨别一下你能控制和不能控制的事情，然后把两类事情分开，并列出清单。

最重要的是要找到压力产生的原因，确切地说，到底是什么压垮了你，是工作，是家庭生活，还是人际关系？

如果认识不到问题的根源所在，你就不可能解决问题。如果你自己在确定问题的根源方面有困难，那就求助于专业人士或者机构，比如心理医生或心理咨询师。

利用长假给心灵吸氧

或许生活中很多人都有这样的经历，长假过后，开始工作之前，心里会涌起莫名的恐惧或懊恼，一旦开始工作，你投入了进去，就会发现工作并不像你想象中的那么烦人，甚至可能焕发出新的工作激情。

休假恐惧症

王小姐平常工作非常出色，早在一个月前，她就盼望着春节快快到来，好让自己彻底放松。可是眼看着春节越来越临近，自己的心中却有了莫名的恐慌，她害怕自己再像往年一样让自己陷入加班的怪圈。因为担心自己被别人赶超，几乎每个长假她都让自己加班，而到长假要结束时，她又感到身心疲惫，有一种力不从心的恐惧，所以她也渐渐地对自己产生了怀疑。为此她食欲不振，还经常失眠，有时甚至感到活着没什么意思，遭受这么大的精神折磨，还不如死了一了百了。

现在生活节奏这么快，压力大是必然的，没有压力才是奇怪的，这就是我们现在所经历着的生活。产生这种亚健康心理的主要原因还是人们过分追求完美，只想争到第一，而从不甘心落于人后。对此，最好的解决之道就是保持平常心，不要过分给自己施加压力。除了克服争强好胜的心理外，还要克服嫉妒心理。

假如发现自己时刻惦记工作，放假也得不到全身心的休息和放松，就应该考虑及时进行心理方面的调整了。心理调节主要在两方面：

一是要调节自己的认知。有这种症状的人往往具有很强的事业心和责任感，所以，要降低对自己的要求和期望值，不再把工作视为自己人生价值的唯一表现，注意事业与家庭之间的平衡。

二是要有意识地减轻工作压力。自己不妨列出一份工作日程表，先将自己现时的所有工作项目和工作时间一一写明，然后考虑哪些可以完全放弃，哪些可以暂时放弃，哪些可交由他人或与他人合作完成，编排出新的工作日程表。

要充分利用长假，好好放松，兴趣不广泛的上班族要注意自我调节。这些人可以到附近的公园或者郊外呼吸一下新鲜空气，或回家看看亲人朋友，因为若一个人待着，难免因太孤独而产生忧伤情绪，进而导致恐慌心理。除此以外，要培养适合自己的兴趣爱好，抓紧一点一滴的时间，通过听音乐、闭目养神等方式将紧绷的神经放松。

节后懊丧症

有这种症状的人，一是因为假期时玩得太疯，不仅没有起到调整身心的作用，反而身心疲惫，以至于影响了工作。二是因为有的人回顾假期，突然发现花了那么多钱，甚至远远超出了预期，就会沮丧不已。心想如果是在上班，不仅不用花钱还能挣钱，这样一算里外的损失很多，真是不划算。三是有的人甚至在假期之中也没有好好放松过，到了假期即将结束时就更感到忧郁，一想到又要面对枯燥的工作，面对那些人和事就心烦，恐惧上班，甚至在上班当天就想要逃避，不愿起床。

假期中，人们总算有了大把的时间可以支配，尽兴出游，尽情狂欢，恨不得每一天每一分钟都排满。专家在这里要提醒大家：休假一定要适度，不要把假期活动安排得过满。理想的状态是在上班前一两天，就结束假期活动，以便把自己的生物钟和精神状态都调整到正常状况。例如可以在家考虑一下工作上的事情，或做一份工作计划，上网浏览最近的邮件等等，以便让自己逐渐进入工作状态。

假期内容还应根据自己的实际情况来安排，花费更应该在能够承受的范围内，超前消费反而会增加压力。如果假期不打算出去旅行，而是打算在家里度过的话，就要尽量按时作息，尽可能保持生物钟不乱，使自己能够保持

正常的状态，避免在上班之后出现不适应。

刚上班烦躁不安、注意力不集中，或是还处于兴奋状态、失眠等，是因为出现了适应障碍，过一两天就会消失，如果持续一周还不适应，最好去看医生。暂时实在不能进入工作状态，也要硬着头皮按时间表进行工作。一旦开始工作，你投入了进去，就会发现工作并不像你想象中的那么烦人，甚至可能焕发出新的工作激情。

跳槽前避免陷入心理误区

越来越多的人开始尝试跳槽，他们中的很多人都找到了更适合自己的工作，但也有一些人未能如愿以偿，甚至觉得每况愈下。造成这些不理想结果的原因是多方面的，其中一个重要因素就是跳槽时的心理状态陷入了误区。主要表现为以下几种：

冲动心理

很多人由于一些突发事件，如未获得期望的奖励，与同事、上级发生争执，被人误解等，就决意要离开现单位，而全然不顾所付出的代价。事实上，这些人所关注的并不是将要加入的新单位，而是要尽快摆脱目前的工作环境，这就难免造成他们在挑选新单位时显得过于急切。他们往往抱有“不管新工作如何，先离开这里再说”的想法，在这种情况下是很难一下子找到合适的工作的，不得不屈就某处。即使以后有了更好的机会而另谋他职时，也已浪费了不少的时间和精力。

盲从心理

有的人选择工作并非根据自己的爱好及个人能力特点，而是随波逐流，哪个行业热门就转向哪个行业。其实，行行出状元，不同的工作虽然整体看来有收入、社会地位、工作条件等各种区别，但对于每个人来说，最重要的是工作要适合自己。

攀比心理

择业时以别人的工作为标准，想方设法为自己找一个符合此标准的职业，这个标准可能会是收入、住房福利、出国机会等。这种心理的危害是片面强调单方面因素而忽视其他重要的方面。

犹豫心理

在做出是否跳槽决定时表现出犹豫不定，不知是否应该冒险舍弃目前的工作的心理。抱有这种心理的人一方面对新工作感觉很好，另一方面又害怕放弃原来的工作会带来太大的损失。他们患得患失，反复权衡，难以从大局出发，立下决心。这样的心理往往会导致莽撞行事，最终错误地做出转换工作的决定。

从以上的情况可以看出，不管是哪种心理误区，其根源都在于不能对各方面信息进行全面细致、主次分明的考虑。想要成功跳槽，就需要对主、客观两方面因素加以认真分析、把握，再加上科学的决策方法，这样才能抓住良机，把握人生。

职场年龄恐慌症

职场年龄恐慌症，通常是指年龄在25～40岁的职场人，在职场中表现出的一种焦虑。这种焦虑的主要表现形式是对于年龄的恐慌，认为有种“时不我待”的紧迫感。从深层次的原因分析来看，主要分为以下几方面：

成就恐慌

俗话说，三十而立。然而职场中并非人人都是顺利者，不少30岁以上的人因为自己的事业未成而感到恐慌，他们会产生消极心理，认为自己看不到未来，看不到希望，不少人深为自己的前景担忧。

婚育恐慌

过度忙于事业的人，往往会出现对家庭的忽视。一些人一直挣扎在要职业还是要孩子的艰难选择中，往往等到功成名就之时，或者有了两全其美的方法，但已经错过了最佳生育期。

定位恐慌

人们在自由选择职业、岗位的同时，也会有失业或对职业不满意的时候，最可能产生职业危机的有四个时段：择业时可能出现的定位危机；工作5～7年后可能出现的升职危机；40岁左右可能出现的方向危机；过了50岁可能

出现的饭碗危机。在这四种危机中，最令人困惑的便是“定位危机”。

为自己在某一阶段内定好实际目标。有职场年龄恐慌的中年人，可以把自己的工作列出计划，每天完成多少要有个明确的目标，切忌不顾自己实际能力随意定目标。

提前订下婚育计划，应该把婚育计划列为职业生涯规划的一部分。婚育计划不能忽略，因为这涉及能够影响你的整体职业规划问题，也是个人人生规划重要的一部分，不能因为工作而使得生活不完整，毕竟人生需要平衡地发展。

更重要的是学会调节心态，要让自己的心情放松下来，学会以平和的心态面对现实，当感到巨大心理压力和出现悲伤、愤怒、怨恨等情绪时，要勇于向亲朋好友倾诉，以消除不良情绪。

说到底，防止年龄恐慌的根本方法就是提前规划，无论是职场还是人生大事，事事做到心中有数、有备无患，那么，恐慌自然也就离你而去了。

夫妻不宜在同一个办公室

尽管随着社会的飞速发展，人与人之间的交往变得越来越宽泛，但紧张的工作、巨大的竞争压力等，似乎又挤掉了不少人的交际时间。中国有句俗语叫“日久生情”，于是和同事相处久了，人们不知不觉也就产生了感情，“办公室夫妻”也因此日益增多。

但是越来越多的企业，特别是跨国公司，通常都反对办公室夫妻的存在。有些企业规定，一旦出现办公室夫妻，其中一方必须离开。其原因主要是现代企业中人际关系复杂，岗位竞争激烈，办公室夫妻在某种程度上被视为一个“利益小团体”，它的存在会影响公司内部正常的人际、管理原则。

如果夫妻在一个办公室，首先打破了办公室同事间原有的心理格局，大家的一举一动需要随时注意到这个夫妻“小团体”的影响；而夫妻之间任何的情绪纠葛也很容易影响到同事，而这些影响往往超出了工作范围。

对于每一个管理者来讲，下属中出现夫妻同事也是一种压力，在安排或协调工作时无疑又多了一层复杂因素，对决策有很多牵制，不欢迎这种情况出现也可以理解。

如果夫妻两人同在一个办公室工作，彼此之间也会有很多不利影响，例如：夫妻之间的心理距离感消失，每天形影相随，上班的时候也要相互牵挂，一个电话过去人要是不在，可能会生气半天。

很多人都觉得夫妻两人同在一个办公室可以互相监督，防止出现婚外恋，其实，相互监督的另一面是双方的交际面和朋友圈会相对狭窄，与外界的信息交流和沟通减少，时间长了会有压抑的感觉，反而会影响双方的感情。

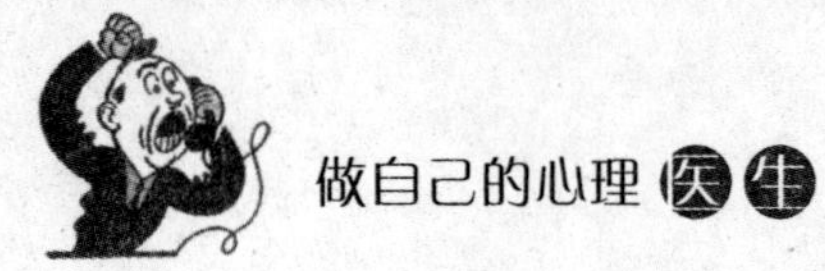

此外，办公室夫妻容易将工作与生活混淆起来。

不在同一单位工作的夫妻，如果一方遇到工作上的困难，家庭常常成为分散注意力、休养生息的地方，而同事夫妻的家庭却没有这种功能，家庭也经常成为讨论工作问题的场所。反之，如果家庭中发生了一些矛盾，很容易被带到公司里来，影响正常工作。

在激烈的商业竞争社会，夫妻俩同在一个办公室也会有较大的风险，一旦公司效益不好，家庭经济状况会面临很大压力。

因此，夫妻不宜在同一个单位特别是同一个办公室内工作。当确实发生这种状况的时候，最好的做法是尊重商业规范，一方理智地选择离开。

风雨同舟适合那些共同创业的夫妇，对大多数的上班族来说还是待在不同的单位或部门，开展各自的工作比较现实一点儿，也更有助于给对方提供不同的体验和信息，为生活带来更多的活力。

为价值而工作

“我们到底在为了什么而工作?”这是在很多人心目中都曾有的疑问。有些人因为薪水少、工作时间长、工作环境差、任务繁多、人际关系不协调等原因而自卑、埋怨、发牢骚，把干工作当成一件十分苦恼的差事，应付了事。这样的工作心态让他们活得并不开心，更严重的情况就是长期郁闷使人的精神萎靡，失去了生活的信心，没有了精神支柱，整个人就消沉了，就更别谈实现自我价值了。

薪水只是解决了我们生存的需要，我们除了满足基本的生存之外，更应该有自我价值实现的渴望和要求。对于每一个人来说，通过工作，可以实现个人的自我价值。所以，我们要认识到工作是为了实现自己的价值，让自己的能力得到别人和社会的认可，而不仅仅是为了薪水。

很多人都会认为薪水就是工作的全部目的，于是，在对待工作上采取一种超然的态度：“给我多少工资，就干多少活”“不是自己分内的事情一律不干”“公司的事情能推就推，做多错多”。表面看来，这些“精明人”没有吃亏，但从长远来看，他们却损失“惨重”：他们逃避工作，推卸责任，整天为眼前的工资伤脑筋，却忘记了在工资背后深藏的更为珍贵的东西。工作给予了他们锻炼自我、训练自我的机会，工作提升了他们的能力，工作丰富了他们的经验。在工作中，他们能逐渐建立起自己的品格，完善自己的职业道德，所有这一切所蕴含的是他们将来提高薪水和提高职位的根本基础。

那种只注重眼前利益的“等价交换”——“我为公司干活，公司给我工资，我对得起自己的工资”让很多人错失了诸多机会。这其实是现代版的“买椟还珠”，拿到了薪水，却失去了自己的前途和信心。或许公司正在为你能升职、加薪而让你有更多的工作锻炼机会，但你却不能正视这些，因此而丢掉可以获得成长、技能和经验的机会。

薪水只是工作的一种报偿方式，虽然是最直接的一种，但绝不是唯一的一种。一个人如果只为薪水而工作，没有更高远一些的自我提升和发展的意识，工作起来也就没有了主动参与的积极性，所有的事情都是被动地在接受。如果是这样的话，不光我们的工作做不好，而且自己也会觉得很累。

我们必须承认，工作的质量决定生活的质量。最明显的事实是，工作可以带来收入。但也是这一明显的事实蒙蔽了不少人的心灵：工作就是为了生活。如果我们不能正视自己的工作，反而轻视工作，那么我们就会感觉到工作的压抑和烦闷，工作自然也就做得不好，只是被动地适应生活，生活质量也不高。这就是工作质量决定生活质量。

我们都知道，每个人都只能在发展中追求更好的生活，而不能满足现状、不思进取。这种发展依托于你在工作中要放弃一些眼前的小利益，更多地去接受新的知识，接受锻炼，接受越来越多的挑战，去解决更多的问题，来提升自己的能力，展现自己的才华。

当金钱达到某种程度之后就不再诱人了，对于那些事业成功的人士，他们在没有优厚的金钱回报下，是否还愿意继续从事自己的工作?大部分人的回答都是：“绝对是!我不会有丝毫改变，因为我热爱自己的工作。”

即使我们还没有达到那种境界，但如果能忠于自我的话，就会发现金钱只不过是许多种报酬中的一种。想要走上成功之路，最明智的方法就是选择一件即使酬劳不多，也愿意做下去的工作。所以，我们要去热爱自己所从事的工作，主动去把它做好，那么我们也将成为具有竞争力的人，从而获得更满意的酬劳。

说起来容易，做起来难。要想实现人生目标，并不是一帆风顺的。能不能让自我价值得以实现，取决于你对工作的态度。主要有以下几点最为重要：

第一，不管从事什么样的工作都要明白一点，那就是我们是在为自己工作。只有工作才能满足我们的各种需要，物质需要和精神需要都只有通过努力工作才能实现。有工作的机会，才能让自己充分发挥能力，才有展示自己的机会。我们所做的一切工作，都是为我们自己实现目标而做的。所以说要珍惜工作机会，不要这山望着那山高，到最后只能像书上所说的："今天工作不努力，明天努力找工作。"

第二，认真工作才能让你不断去思考，去学习，去总结经验，这是比物质财富更丰富的财富。人生本来就是一个积累过程，知识和经验积累得越多，才能战胜工作和生活中更多的困难，才不会在困难面前低头，才会有越挫越勇的气势，才能离目标更近。因为在工作中，我们会发现很多机会，通过努力实践，才能更好地把握机会，实现理想。

第三，对工作要充满热情，把工作当成一个使命来完成。工作不仅仅是为了赚钱，我们工作更多的是为了实现一种价值。如果对工作没有热情，那就失去了前进的动力和信心，不仅不能进步，还很有可能倒退，最后被社会所淘汰。

第四，用感恩的心去工作，在工作中体会乐趣。在一本书上见过这样一个故事：曾经有个愤世嫉俗、心中无法平静的人，求见作家海伦·舒克曼，向她请教如何摆脱令人不快的念头。海伦只回答："从今天起，请你每天写下一件令你感激的事。"刚开始，这个人得思索很久，才能想出今天有什么好感激的事。但随着时间的推移，他逐渐对大自然的美好产生了感激，进而他发现，有许多人和事都值得他感谢。到了后来，他看见这世界上一切都是赐予，一切都是光明，他的胸怀无限开阔，从此他的愤恨之情也消失得无影无踪。

让乐观成为生活的基调

一切的和谐与平衡、健康与健美、成功与幸福，都是由乐观与希望的向上心理产生与造就的。保持乐观向上的心态，就是凡事都要尽量看它的正面影响，即使一件事本来是坏事，但也要看到，因为它的失败和不成功，而让你得到了更多的人生经验和处理困难的办法，这对于个人成长来说是非常宝贵的财富。因为每个人的人生都不会一帆风顺，我们能做的不是阻止困难的出现，而是正确看待它。用乐观积极的心态来看待，相信会给你处理问题找出新的突破口，也是寻找自我快乐的方法。

林肯是美国历史的一个谜：他出身贫贱，却成为美国历史上最伟大的总统之一；他长相丑陋，却迷倒了千百万美国人；他因废除奴隶制而带领北方与南方作战，但他遇刺后南北双方都在悼念他。是什么力量使林肯享有这样的感召力？

林肯虽生活坎坷、饱经挫折，但仍乐观地等待明天。纵观林肯的一生，他欢乐的时刻要远远少于悲痛与烦恼的时间，但他还在坚持不懈地拼搏。这一点就连他的对手都对他敬佩不已。史蒂芬·道格拉斯这个两次击败过林肯的竞选对手在评价老对手时说：“他是他党内强有力的人物，才智超群，阅历丰富；因为他那副滑稽可笑和说笑话不动声色的模样，他是西部最优秀的竞选演说家。”南军总司令罗伯特·李也曾言：“林肯是我一生中最敬佩的人，尽管我们的政见不同。”

林肯的乐观态度使他不因为自己出身卑贱就感到自卑，反以实际行动向世人证明，一个穷人的孩子也可以通过个人努力成为美国总统。他的乐观精神还使他不因生活坎坷自暴自弃，相反他在挫折中不断地吸取教训，从而变得更加成熟聪明。他就是凭借这种乐观的精神，克服了常人难以想象的困难，成为美国总统，成就了千千万万平民的幸福。

人活着就是为了生活更快乐、更幸福，而幸福的生活是要靠自己努力争取来的。人为了追求自己的幸福，就有了为之奋斗的欲望。为了人生的奋斗目标，人们必须努力工作，在工作中寻找乐趣，让单调乏味的工作充满乐趣，使自己无忧无虑、身心健康，生活和平而安逸，快快乐乐地过好每一天。

人的乐观心态，将使你的心理年龄永远年轻。当你朝着奋斗的目标迈进时，就会增加你的愉悦与自信，你就会自然形成乐观的心态，快乐将永远与你相伴!相信你在实现人生目标的同时，也会获得梦寐以求的人生伴侣。你会在心理上获得最大的快乐，你将拥有快乐的每一天!相信你能把握自己快乐而幸福的人生。实现了梦寐以求的奋斗目标，你就会感觉生活原来如此美好!

胡芝燕的家乡在浙江乐清，看到她，便能感受到她的乐观。她秀美的脸上总是带着恬淡的微笑，给人以舒适、亲切的感觉，正是她的乐观帮助她开拓了她的事业。

1992年，不满20岁的胡芝燕和朋友一起来到兰州，合伙在商场里经营品牌男装。由于消费群体比较稳定，她在兰州的经营相对顺利，年收入两万元以上，这在当时已经十分可观。1998年，她把生意更进一步，开始与别人合伙开商场。后来，经过深思熟虑，她的目光锁定在北京市场。怀着“亏本就当交学费”的想法，1999年，她在北京大红门万鑫市场租了一个摊位，开始了她“北漂创业”的生涯。

在当时，由于做布匹生意的人越来越多，竞争也更加激烈。这样的情况是胡芝燕始料未及的，然而面对这样的局面她选择了坚持。她采用一系列优惠措施吸引客户，同时她注重调整自己的市场定位，在把好质量关的同时敢于超前，关注时尚。在她的不懈努力下，第一年的生意便取得了“开门红”，也令毗邻的商户对她刮目相看。随着更多商户的拥入，竞争也在不断升级，生意的成功使更多的人注意到胡芝燕这个年轻的商海女杰，她成为北京乐清商会的理事。

胡芝燕就是凭着当初一种乐观的信念，创造出了属于自己的价值，实现了自己的人生意义。生活中难免会有这样或那样的不如意，树立乐观的心态是取得成功的基本条件。乐观者相信大多数的疾病、挫折、痛苦和悲伤都可以治愈；乐观者也很注重预防，他们最有效的秘方是把思想和行为集中在幸福、健康与成就上。

让你情绪乐观的方法

1. 做一只翱翔的飞鹰

无论在工作中，还是在生活上，不当一个受制于自我的困兽，要冲出自制的牢笼，做一只翱翔的飞鹰。

2. 世界上的痛苦多着呢

当情绪低落时，可以去访问孤儿院、养老院、医院。一旦了解了世界上除了你的痛苦之外，不幸的事情多得很，你的情绪就会平静下来。如果情绪仍不能平静，就积极地去和这些人接触，把自己的情绪转移到帮助别人身上，并重建自己的信心。通常只要改变环境，就能改变自己的想法和感情。

3. 多听愉快的音乐

早在古代，人们就已经知道音乐能影响人的精神状态，它有助于治疗某些疾病。现代科学证明，音乐治疗疾病属于音乐心理学的范畴。用轻松愉快的音乐鼓舞、振奋精神力量，可以治疗精神呆滞症和消极自我封闭症等。

4. 改变习惯用语

改变生活中的习惯用语。不要说“我真累坏了”，而要说“忙了一天，现在心情真轻松”；不要在单位里抱怨不休，要试着去赞扬别人；不要说

“天哪，为什么偏偏找上我”，而要说“没关系，考验我吧”，不要说“这个世界乱七八糟”，而要说“我要先把自己家里弄好”。

5. 向龙虾学习

龙虾在成长的某个阶段里，会自行脱掉外面一层具有保护作用的硬壳，因而很容易受到敌人的伤害。这种情形一直延续到它长出新的外壳为止。生活中的变化是很正常的，每一次发生变化，总会遭遇到陌生的预料不到的意外事件。这时，你不要躲藏起来，使自己变得更懦弱。相反，你要敢于去应对危险的状况，对你不曾见过的事情，要培养出信心。

6. 重视自己的生命

不要说“活着真没劲，还不如死了”。不妨这样想：“自信将帮助我渡过难关。”

7. 有益的娱乐

从事有益的娱乐与教育活动，观看介绍自然美景、家庭健康和文化活动的影视作品；挑选电视节目和电影时，要根据它们的质量与价值，而不是商业吸引力。

8. 表现出你的健康情况良好

在幻想、思考以及谈话中，应表现出健康情况良好。每天对自己做积极的自言自语。不要老是想着一些小毛病，像伤风、头痛、抽筋等。如果对这些小毛病过分注意，它们就会成为你的好朋友，时时前来光顾。头脑中常想的东西，就会在身上表现出来。

9. 学会关心别人

在生活的每一天，写信、拜访、打电话给需要帮助的某些人。向他们显示信心，并把信心传给他人。

10. 端正自己的品行

把星期日变成培养“良好信心”的日子。据调查，品行端正的年轻人，生活的三大支柱是良好的信仰、和谐的家庭及高度的自信心。

选择心理医生的诀窍

李先生最近去了一趟美国，拜访了他的妹妹一家，发现他们一家四口每月请心理医生调整心态的心理保健费就有900美元之多，而妹妹家四口人心理均属正常。美国妹夫说，这种情况在西方发达国家的中等收入家庭里，是极其正常和普遍的。李先生劝他们节俭一些，心理又没有什么毛病，就省笔开销吧。他的美国妹夫大惊地说："那怎么行?一个月就会疯的!"美国人对心理医生如此痴迷并非是因为他们的心灵脆弱，而是由于社会竞争激烈，压力如排山倒海而至。

现如今，社会竞争日趋激烈，在改革开放中，一方面，人们的旧有生活方式与观念不断受到冲击与碰撞，心理问题自然越来越多。另一方面，大家在忙学习、忙事业、忙挣钱，拿不出太多的精力来分析、研究和解决自身的心理难题。于是，应运而生的心理咨询与治疗部门在大、中型医院中都能见到。去看心理医生，已渐渐被许多人所接受，心理保健问题得到了多方面的重视。

选择心理医生

每个人都希望找经验多、年纪大的医生咨询，这也是人之常情。但就心理学这个行业来说，年轻与年老各有特点。年长的医生经验丰富，能很快找到问题的症结，而年轻医生知识结构新，治疗更灵活，对工作一样胜任。经验可以通过学习和工作获得，而有些问题就涉及人的品行了。对病人而言，遇到一个恶医是灾难的开始，所以应该在以下方面多加注意：

1. 你所找的心理医生必须在人格上与你平等

这意味着，无论你富贵贫贱、相貌俊丑、地位高低、出身尊卑、男女长幼，他都应当对你一视同仁。需要强调指出的是，心理医生不能因为你是权贵或有某些方面的优势，就对你阿谀奉承、随声附和。

2. 心理医生必须有良好的职业道德

当病人向医生诉说病情时，不可避免地要涉及自己或有关人的一些隐私，在谈及个人的感受时也会说出一些思想深处不足为外人道”的东西，有些想法可能有悖于伦理或道德，根本见不得人；有的可能是无中生有，只是猜疑、嫉妒，根本摆不到桌面上来。这些都要求心理医生为之保密。在对这些问题的了解过程中，心理医生应该出于科学的需要而不是为了猎奇，在基本问题弄清之后，不再刨根儿问底儿地去问细节。

3. 一定要寻找最好的心理医生

最好的心理医生可能收费比较昂贵，但他会让你的钱花得物有所值，还可以让你看到治疗的希望和免去你不必要的痛苦与折磨。一般的心理医生虽然可以让你省一点儿钱，但从长远来看你会得不偿失。

4. 最好寻找精通各种疗法的心理医生，特别是懂得大脑行为学的心理医生

实践证明，运用任何一种单一的治疗理论和方法治疗精神障碍都有一定的局限性，很难达到彻底治愈的目的。而采用整体疗法或组合疗法治疗的效果会更理想。另外，大脑科学的发展为认识精神障碍及其他人的心理和行为问题开辟了新的途径，提供了新的甚至是突破性方法。一个不懂得大脑生理机能运作规律的心理医生是很难在治疗中有所作为的。

5. 寻找具有精确诊断能力的心理医生

对疾病的解释和诊断决定着治疗的思路和方法，错误的解释和诊断所造成的恶果往往是难以弥补的。如果一个医生能够对病人的病情做出精确的诊断，那他就是病人最信任的朋友。

6. 寻找胸怀开阔和富有爱心的心理医生

这不仅因为这类医生容易掌握最新的知识和观念，还因为他们往往能够

保持足够的耐心将治疗进行下去。

7. 寻找具有灵感和创造精神的心理医生

治疗过程是复杂和艰难的，它需要有智慧和新的方法不断解决治疗中出现的新问题，需要对治疗模式有所突破，没有灵感的医生是很难做到这一点的。

8. 医生的专业背景——“医学+心理学”

首先要具有卫生部颁发的执业医师资格证书，其次是有临床心理学专业教育训练背景。针对我国目前的情况，建议大家不要太看重那个心理咨询师证书，它的含金量太低，中学文化学习几个月都可以考到手，但执业医师资格证书就不是学习几个月就可以拿到的了。专业品质决定了服务的质量和水平，在选择心理医生时切忌贪便宜，不要拿你的幸福当作赌注!

第四章

心理异常的自我测试和调适

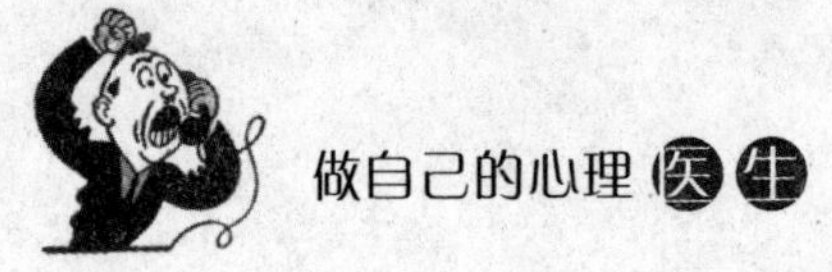

神经衰弱的测试和调适

高女士自从女儿出生后带她睡觉起，就好像患上了神经衰弱症，白天根本睡不着，晚上睡着睡着就醒了。近来更是变本加厉，有时候甚至觉得自己的身体已经在沉睡了，可是大脑不肯休息，还有意识，稍微有一点儿响声就醒了。人没有休息好，做什么都烦，脾气大得很。

神经衰弱是一种常见的精神障碍。它是一种高级神经系统长期持续过度紧张而引起大脑功能轻度紊乱的精神状态。

神经衰弱的原因

发病原因常常不是单一的，而是多种因素相互影响的结果。凡是能引起持续的紧张情绪和长期内心冲突的因素，如学习、工作过度紧张、人际关系不协调、家庭不和、亲人亡故、长期思想矛盾等等，都可以诱发神经衰弱。此外，此病还与人的个性心理特征有关。神经衰弱患者往往具有内向、自卑、敏感、多疑、缺乏自信、主观、好强、急躁、自制力弱等特点。这些精神因素与个性心理特征相结合，容易导致对生活的张弛调节障碍，使大脑处于持续性紧张状态而发病。

神经衰弱的表现

神经衰弱导致的心理异常及躯体异常表现为：自控能力下降、易烦躁，对刺激物的感受性异常增高、特别敏感，失眠、多梦易醒，头部持续性钝痛，头昏脑涨，注意力涣散，记忆力减退，易疲劳，心悸，食欲不佳、腹胀、腹泻、便秘，尿频，月经失调、遗精等等。这些症状并非每个患者都具有，有的只表现为其中的几种，且轻重程度也有不同。

1. 衰弱症状

患者经常感到精力不足、萎靡不振、不能用脑，或脑力迟钝、肢体无力、困倦思睡，特别是工作稍久，即感注意力不能集中、思考困难，工作效率显著减退，即使充分休息也不足以恢复其疲劳感。很多患者诉说做事丢三落四，说话常常说错，记不起刚经历过的事。

2. 兴奋症状

患者在进行阅读书报或收看电视节目等活动时精神容易兴奋，不由自主地回忆和联想增多；患者对指向性思维感到吃力，而缺乏指向的思维却很活跃，控制不住；这种现象在入睡前尤其明显，使患者深感苦恼；有的患者还对声光敏感。

3. 情绪症状

主要表现为容易烦恼和容易被激怒。首先，烦恼的内容往往涉及现实生活中的各种矛盾，感到困难重重，无法解决。其次，自制力减弱，遇事容易激动。或烦躁易怒，对家里的人发脾气，事后又感到后悔；或易于伤感、落泪。约四分之一的患者有焦虑情绪，对所患疾病产生疑虑、担心和紧张不安。例如，患者会因心悸、脉快而怀疑自己患了心脏病，或因腹胀、厌食而担心自己患了胃癌，或因治疗效果不佳而认为自己患的是不治之症。这种疑病心理可加重患者的焦虑和紧张情绪，形成恶性循环。另有约40%的患者在病程中出现短暂的轻度抑郁心境，有自责的表现，但一般都没有自杀意念或企图。有的患者存在怨恨情绪，把疾病的起因归咎于他人。

4. 紧张性疼痛

常由紧张情绪引起，以紧张性头痛最常见。患者感到头重、头涨、头部有紧压感，或颈项僵硬，有的则诉说腰酸背痛或四肢肌肉疼痛。

5. 睡眠障碍

最常见的是入睡困难、辗转难眠，以至心情烦躁，更难入睡；其次是诉说多梦、易惊醒，或感到睡眠很浅，似乎整夜都未曾入睡；还有一些患者感到睡醒后疲乏不解，仍然困倦，或感到白天思睡，上床睡觉又觉脑子兴奋，难以成眠，表现为睡眠节律的紊乱；有的患者虽已酣然入睡，鼾声大作，但醒后坚决否认已经睡了，缺乏真实的睡眠感，为失眠而担心、苦恼，往往超过了睡眠障碍本身带来的痛苦。

6. 其他心理、生理障碍

较常见的如：头昏、眼花、耳鸣、心悸、心慌、气短、胸闷、腹胀、消化不良、尿频、多汗、阳痿、早泄或月经紊乱等。这类症状虽缺乏特异性，也常见于焦虑症、抑郁症或躯体化障碍，但可成为本病患者求治的主诉，使神经衰弱的基本症状被掩盖起来。

克服神经衰弱

对于神经衰弱来说，最主要的方法应该是心理治疗，药物只能起到辅助、暂时缓解的作用。最关键的是在心理医生指导下，找到自己的病因，依靠患者自己去战胜疾病。因此患有神经衰弱的朋友应该注意以下几条：

1. 首先在医生的帮助下，找出病因，并设法去除

这是关键的一步。如有一个神经衰弱的学生，患病后依照医生建议不再“开夜车”，坚持体育锻炼并按时服药，但收效不大，原因是病因并未消除。原来他一心想考大学，但又把握不大、信心不足，心理负担过重引起神经衰弱。

2. 树立治愈的信心，确立科学合理的作息制度

神经衰弱患者应按照作息时间安排生活和学习，不能因为担心失眠而提早上床，也不能因为早醒而赖在床上睡懒觉。

3. 坚持锻炼身体

参加文体活动，这样可以缓解情绪上的波动，较好地处理人际关系。

4. 接受心理医生的帮助，改变不良的性格特点

患有神经衰弱的朋友最好是在心理医生的指导下进行心理、药物及作息安排等综合方法治疗，那么，可能在某天，你会发觉神经衰弱在你的身上销声匿迹了。

另外还有一些治疗方法供你参考：

1. 药物治疗

较常使用的有抗焦虑药及抗抑郁药，这些药对稳定病人焦虑、烦躁或抑郁情绪有明显效果，其中抗焦虑药又多有改善睡眠的作用。常用的药物有阿普唑仑、黛力新、氟西汀与帕罗西汀等。若部分病人自觉脑力迟钝、记忆力减退，可服用小剂量脑代谢改善剂，如吡拉西坦、银杏叶片等。

2. 中医治疗

中医认为神经衰弱多系心脾两虚或阴虚火旺所致，治疗时应按辨证施治的原则，选择不同的处方。此外，针灸、推拿、拔罐等传统的中医疗法，对部分神经衰弱也有一定疗效，可在医师指导下选用。

3. 心理治疗

可以通过解释、疏导等向病人介绍神经衰弱的性质，让其明确本病并非治愈无望，并引导其不应将注意力集中于自身症状之上，支持其增加治疗的信心。另外还可采用自我松弛训练法等。

4. 物理治疗

有经络导平治疗、电磁场治疗、脑功能保健治疗、生物反馈治疗等多种。

总之，治疗神经衰弱的方法不少，最好能综合使用，若能调动病人主观能动性，积极配合治疗，更能达到最佳治疗效果。

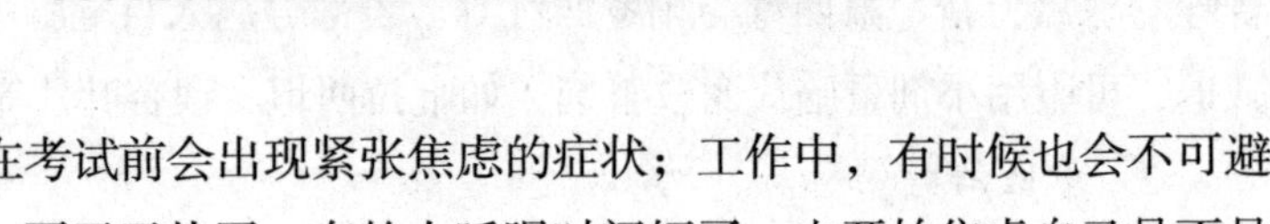

焦虑症的测试和调适

很多学生在考试前会出现紧张焦虑的症状；工作中，有时候也会不可避免地出现焦虑；夏天天热了，有的人睡眠时间短了，也开始焦虑自己是不是得了什么病……

焦虑症是一种普遍的心理障碍，在女性中的发病率比男性要高。流行病学研究表明：城市人口中有4.1%到6.6%的人在他们的一生中会得焦虑症。

焦虑症的主要症状是：病人充满了过度的、长久的、模糊的担心和焦虑，这些担心和焦虑却没有一个明确的原因。虽然，这些担心和焦虑与正常的、由现实危机引起的担心和焦虑很相像。比如：他们会成天为家里的经济情况而担忧，即使他们银行账户上的存款远远超过了六位数；他们会成天为自己孩子的安全担心，生怕他在学校里出什么事；更多的时候他们自己也不知道为了什么，就感到极度焦虑。

焦虑症的原因

到底焦虑症是由什么引起的，这是个很复杂的问题，到现在为止我们还不能全面回答这个问题。但是，现有的研究显示：

1. 躯体疾病或者生物功能障碍虽然不会是引起焦虑症的唯一原因，但是，在某些罕见的情况下，病人的焦虑症状可以由躯体因素而引发，比如：甲状腺亢进、肾上腺肿瘤。而且，许多研究者试图搞清，焦虑症患者的中枢神经系统，特别是某些神经递质，是不是引发焦虑症的罪魁祸首。很多研究集中在两个神经递质上：去甲肾上腺素和血清素。很多研究发现病人处于焦虑状态时，他们大脑内的去甲肾上腺素和血清素的水平急剧变化，但是，我们并不是很清楚这些变化是焦虑症状的原因还是结果。

2. 认知过程，或者是你的思维，在焦虑症状的形成中起着极其重要的作用。研究发现，抑郁症病人比一般人更倾向于把模棱两可的甚至是良性的事件解释成危机的先兆，更倾向于认为坏事情会落到他们头上，更倾向于认为失败在等待着他们，更倾向于低估自己对消极事件的控制能力。

3. 我们发现，在有应激事件发生的情况下，更有可能出现焦虑症。

焦虑症的症状

1. 在过去六个月中的大多数时间里，对某些事件和活动（比如工作进度、学业成绩）过度担心。

2. 个体发现难以控制自己的担心。

3. 焦虑和担心与下面六个症状中的至少三个（或更多）相联系（有某些症状至少在过去六个月中的大多数时间里出现）。

（1）坐立不安或者感到心悬在半空中。

（2）容易疲劳。

（3）难以集中注意力，心思一片空白。

（4）易激惹。

（5）肌肉紧张。

（6）睡眠问题。（入睡困难、睡眠不稳或不踏实。）

4. 焦虑和担心的内容不是其他障碍的特征内容。也就是说，焦虑和担心的内容，不是关于被细菌感染（强迫症）、惊恐发作（惊恐症）、当众出丑（社交恐惧症）、长胖（神经性厌食症）、严重疾病（疑病症），等等。

5. 焦虑、担心和躯体症状给个体的社交、工作和其他方面造成了有临床显著意义的困难。

6. 上述症状不是由药物的生理作用（例如服药、吸毒、酗酒）或者躯体疾病（例如甲状腺分泌降低）所引起的，也不仅仅是发生在情绪障碍、精神病性障碍或普遍发展障碍之中。

其具体症状包括以下四类：身体紧张、自主神经系统反应性过强、对未来莫名担心、过分机警。这些症状可以是单独出现的，也可以是一起出现

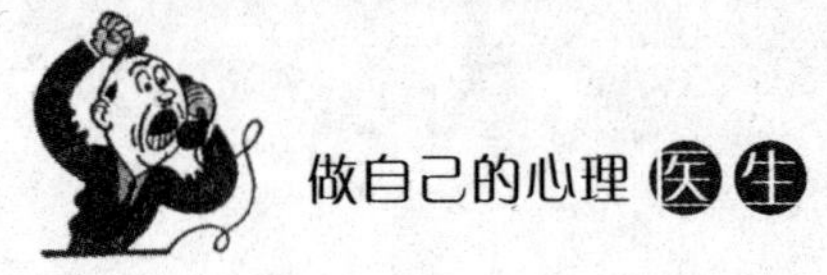

的。

身体紧张：焦虑症患者常常觉得自己不能放松下来，全身紧张、面部绷紧、眉头紧皱、表情紧张、唉声叹气。

自主神经系统反应性过强：焦虑症患者的交感和副交感神经系统常常超负荷工作。患者出汗、晕眩、呼吸急促、心跳过快、身体发冷或发热、手脚冰凉或发热、胃部难受、大小便过频、喉头有阻塞感。

对未来莫名担心：焦虑症患者总是为未来担心。他们担心自己的亲人、自己的财产、自己的健康。

过分机警：焦虑症患者每时每刻都像一个放哨站岗的士兵，对周围环境的每个细微动静都充满警惕。由于他们每时每刻都处在警惕状态，影响了他们做其他所有的工作，甚至影响了他们的睡眠。

焦虑症患者的情绪，最轻的是不安和担心，其次是害怕和惊慌，最重的则表现为极端的无名恐惧。不论轻重，焦虑症都伴有不同程度的植物神经功能紊乱与躯体的不适感。患者有明显的心理冲突，甚至会失去生活自理能力或自寻短见。

焦虑症的调节和治疗

1. 自信

自信是治愈焦虑症的必要前提。没有自信心的人，往往对自己完成和应对事物的能力持怀疑态度，过度夸大自己失败的可能性，从而产生忧虑、紧张和恐惧。因此应增强自信心，减少自卑感。相信自己每增加一分自信，就会减少一分焦虑，并最终消除焦虑。

2. 松弛

当你在精神较好的时候，去想象种种可能的危险情景，而且让最弱的情景首先出现并重复多次，这样你慢慢便会想，危险也不过如此，你也就不会再体验到焦虑。

3. 反省

有的患者只知焦虑，却说不出所以然来。因此必须进行自我反省，把潜意识中引起痛苦的事情诉说出来，必要时还可以发泄，发泄后症状一般可消失。

4. 刺激

焦虑症患者发病后，脑子里总会胡思乱想、坐立不安。此时，患者不妨采取自我刺激法，转移自己的注意力。如找一本有趣的书进行阅读，或从事紧张的体力劳动，以防止胡思乱想，从而忘却痛苦。

5. 暗示

焦虑症患者大多数有睡眠障碍、失眠或梦惊，此时可进行自我暗示催眠，可以数数，或用手举书本读书等促使自己入睡。

而对于比较严重的焦虑症，特别是急性发作患者还应先以抗焦虑药物缓解症状，然后找医生进行心理分析治疗。常用药物有安定、利眠宁等。如果焦虑伴有抑郁，可服用多虑平、阿米替林等三环类抗抑郁药，但西药的副作用比较大，容易产生耐药性、成瘾性，因此，可以选择中成药全面调理。

抑郁症的测试和调适

张女士生下小孩后，突然变得极易悲伤，常常为了一点儿小事就暗自垂泪。家里人误认为她自恃生了孩子有功劳，娇贵起来了，一度搞得家庭关系紧张。张女士觉得很委屈："我也不知道这是为什么，经常失眠，胃口不好，精神状态相当差。有时候自己也觉得为那点儿小事不值得哭，可想着想着，眼泪就掉下来了，总是喜欢去想那些不开心的事情。"在一位朋友的建议下，张女士走进了心理咨询门诊。结果医生说，张女士得了抑郁症。

五六年前，像上文中的抑郁症病人占心理咨询病人的比例较小，只有20%左右。而现在，精神科占40%，心理咨询门诊占70%左右，比例大大增加。

抑郁症的定义

抑郁症是一种常见的情绪障碍性疾病，以心情显著而持久的低落为主要症状，并且伴有相应的思维、行为改变。

引起抑郁症的常见原因

65%的抑郁症患者的抑郁是躯体疾病的后果，如各种癌症、脑血管意外、高血压、冠心病、糖尿病、类风湿性关节炎等疾病；35%的抑郁发生在躯体疾病之前，即生活事件的应激，如亲人病故、心理受挫折、工作压力太大等，均可导致抑郁。抑郁是一种疾病，而不是人的一种缺点或性格缺陷，通过自我心理调节、心理治疗及适当的抗抑郁药治疗，患者大多能康复。

小陈是一家机关单位公务员，家中独子，人长得英俊潇洒，按理说，他应该很快乐。可最近家人发现他很反常，一会儿情绪高昂，一会儿又非常消沉。开始，父母把小陈的这些反常举动当成年轻人情绪化，也没放在心上。直到有一天，家人发现他取下高压锅的垫圈，把钉子钉在厨房的墙上准备上吊自杀，一家人这才慌了神儿，意识到问题的严重性，赶紧把他送到医院。结果医生诊断他患了抑郁症。

我国每年约有2000万人被临床诊断为抑郁症。值得重视的是，在所有自杀的人群中，抑郁症患者比例最高，接近50%。从年龄上看，处于青春期和更年期的人更容易患抑郁症。从职业看，从事脑力劳动的人，如企业老总、学生、公务员、教师等，患病的概率比较高。抑郁症对身体健康、正常的生活工作学习、家庭都有很大影响，一定要加以重视。与其他躯体疾病一样，抑郁症也是人类一种常见多发病，一旦发现应及时治疗。

抑郁症患者具体表现

1. 情绪忧郁

持续性情绪低落、忧郁、心境恶劣是抑郁症的典型症状之一。这类情绪低落的压抑状态是原发性的、内源性的，即无明显外界因素作用下发生的。病人呈现特殊的哭丧面容，两眉紧闭、愁眉苦脸、双目凝视、面无表情，暗自流泪是常见的临床表现。

2. 焦虑和激越

焦虑和抑郁常相伴出现，抑郁症患者伴有焦虑症状者约占70%。常见的焦虑症状为坐立不安、心神不宁，出现莫名其妙的惊恐、多虑和焦躁不安，是一种病理性的紧张、恐惧状态，还可出现易激动、易发怒症状。这种焦虑症状突出的抑郁症被称为“激越性抑郁症”，多见于更年期抑郁症病人。

3. 脑功能下降

通常表现为思维困难，脑力劳动的效率明显下降。一向思维敏捷的科技人员或白领人士患抑郁症后，很难胜任日常工作，更谈不上有创造性。平时学习优秀的学生成绩明显下降，不少病人谈到自己的主观体验时说：“整个头脑犹如一桶糨糊。”

4. 思维消极

忧郁心境可导致思维消极、悲观、自责和自卑，犹如戴着有色眼镜看世界，感到任何事情都困难重重，对前途悲观绝望。病人把自己看得一无是处，对微不足道的过失和缺点无限夸大，感到自己对不起他人、家属和社会，认为自己罪恶深重，是一个“十恶不赦”的坏蛋。

5. 精神运动性阻滞

典型表现是行动迟缓、精力减退，缺乏兴趣和活力，总感到心有余而力不足，家务和日常活动都懒得去做，整天无精打采、身心疲惫，严重者呆若木鸡或呈抑郁性木僵状态。病人对周围一切事物都不感兴趣，对工作没有一点儿热情，平素衣着整洁的人也变得不修边幅。

6. 躯体症状

主要有食欲减退、体重下降、性欲减退、便秘、阳痿、闭经、乏力等。躯体不适感可涉及各脏器，自主神经功能失调的症状较常见。抑郁症的躯体症状往往查无实据，且多为非特异性的，难以定位，但一定要排除躯体疾病。

7. 睡眠障碍

抑郁症患者常有顽固性睡眠障碍，发生率高达98%，表现为失眠、入睡困难、早醒、睡眠节律紊乱、睡眠质量差等现象。抑郁症患者常早醒，尤其是在清晨三至五时醒来者，此时情绪低落，自杀的危险最大。

8. 危害性强

人们之所以称抑郁症为“人类第一号心理杀手”，就是因为没有任何一种心理疾病或精神病有如此高的自杀率。

《美国精神病学杂志》月刊的一份研究报告指出，在接受认知行为疗法后，病症消失的患者，大脑中与抑郁相关的两个区域也有显著的改变。只要努力找事做，生活有目标，哪怕很小的目标都可以，渐渐地分散注意力，减少独处的机会，沉思的时间少了，抑郁就会渐渐消失。

两年前，贝姬·弗施勒被诊断出患有抑郁症。现在她学会了分散自己的注意力，给朋友打个电话聊天，或者看看书。她说，她在过去的15个月里已经没有再出现抑郁的症状。

如何克服抑郁的心理……………→

很多抑郁症患者喜欢独处，喜欢沉思，殊不知这样做只会让你的症状更易于变得严重。下面这套方法可以减少你的独处机会，分散注意力，一定会使你变得乐观、朝气蓬勃，并充满信心。

1. 过有规律的生活

要准时出席约会，有信件就要回，收支平衡，三餐正常，不管睡得着睡不着最好在固定的时间上床，生活尽量简化，尽量发挥你的能力去做好每一件事。这样你才会有成就感，才会更相信自己有足够的能力，并且应该尽力而为。

2. 注意外表

或许你以前不太注意使自己保持整洁，穿漂亮的衣服，把房间打扫得干干净净，当然这些都是微不足道的事，但是却能表示出一个人对重要的事情是关心还是不在乎。因为在心情抑郁时，更会觉得自己无能力料理家务和无法发挥最大的能力。所以只要你还买得起的话，不妨买几件喜欢的衣服穿穿，外表美观会让你觉得有些事情是值得你关心的。

3. 抑郁时，别让自己放弃要做的事

譬如你现在觉得抑郁不乐，于是就不想去上学了，或罢手不再尝试写小说。记住，千万别这样想，要强迫自己再把事情继续做下去。

4. 每天学点儿新的东西

不断地充实自己，可以让自己感觉到未来仍有新的东西要学，以及对生

命中美好的事并未全部了解。

5. 接受一切你可以办得到的挑战

老实地自问哪些是你能做的，哪些是你做不来的。即使是别人会原谅你不做，但是你认为只要努力去尝试便能做好的事，就应该接受下来，不要逃避和推辞。

6. 在特定的一段时间内不要再抱怨

先试一天，再试一星期看看。停止发牢骚之后，你就会对自己有许多重大的发现：发牢骚是使得抑郁症患者感到消沉的重要因素，因为一个人只抱怨而不做别的事，就越发觉得生活里再也没有什么事好做了。

7. 尽量以不同的方式对待不同的人

抑郁的人常常是一开始都以相同的态度对待每个人，才会老觉得没有任何人或者任何事值得他重视。因此，下次要是有朋友诚心诚意地打电话给你，你要是有什么好消息也要告诉他；或者是一反你以前的行为，把你的快乐与你真正喜欢的人分享一下。如果你对自己的朋友有所回报，你也会相信友谊确实是可以增进的。

8. 不跟别人比

不管别人过得有多好都无所谓，你的感觉如何才是最重要的。老喜欢拿自己与别人比较的人通常已陷入抑郁之境，不要老觉得别人比你好，那样会使你消沉下去的。

9. 尽量实现自己的愿望

如果发现自己有个小小的愿望，例如想去找份业余的工作，或是想去参加合唱团，或去某地旅行时，赶快向别人说出来，然后按计划行事，让自己致力于从事某件事情。

10. 试着与充满精力及希望的人交往

不要再犯抑郁时所常犯的错误，把自己藏在跟你一样消沉的人群中。可能的话，去接触那些生机勃勃的人。

另外，如果觉得有了抑郁倾向，自己又不能克服的时候，要尽快地去找心理医生咨询，配合药物治疗，争取早日摆脱抑郁。

恐惧症的测试和调适

恐惧症是以恐惧症状为主要临床表现的一种神经症。患者对某些特定的对象产生强烈和不必要的恐惧，并伴有回避行为。恐惧的对象可能是单一的或多种的，如动物、广场、闭室、登高或社交活动等。患者明知其反应不合理，却难以控制而反复出现。青年期与老年期发病者居多，女性更多见。国外报道一般人口中的患病率为77‰，我国各地调查患病率的平均值为2‰左右。

李强的父母在他很小的时候就不断地树立佛像的威严感，使他对佛像产生了深层的敬畏。但是生活中可能有一些违背佛教规律的东西，比如吃荤腥，不禁欲。这类问题让他产生严重的自责，因此对佛像产生了强烈的恐惧感，他的恐惧深层原因可能是一种道德恐惧症。

当奇怪的恐惧行为出现在你的生活中时，你最需要做的一件事就是：分析自己为什么惧怕?心理动力学派认为恐惧是被压抑的潜意识焦虑的象征作用和取代作用的结果。这句话说的意思是：你害怕的是你自己的焦虑心情。条件反射学说认为，当患者遭遇到与其发病有关的某一事件，这一事件即成为恐惧性刺激，而当时情景中另一些并非恐惧性的刺激（无关刺激）也同时作用于患者的大脑皮层，两者作为一种混合刺激物形成条件反射，故而今后凡遇到这种情景，即便是只有无关刺激，也能引起强烈的恐惧情绪。

你知道自己在害怕什么吗?你害怕黑暗，其实你是害怕黑暗中存在着威胁你生命的因素。你害怕突然袭击，你害怕尖锐物品，其实可能是你有过曾经被它们伤害的经历，你是害怕旧事重演。

恐惧症的原因

1. 遗传因素

一些人报道患者的一级亲属中，20%的父母和10%的同胞患神经症，认为遗传因素可能与发病有关。也有人指出：至今尚无证据表明遗传在本病的发生中起重要作用。

2. 性格特征

病前性格偏向于幼稚、胆小、害羞、依赖性强和内向。

3. 精神因素

精神因素在发病中常起着更为重要的作用。例如某人遇到车祸，就对乘车产生恐惧。可能是在焦虑的背景上恰巧出现了某一情境，或在某一情景中发生急性焦虑而对之产生恐惧，并固定下来成为恐惧对象。

对特殊物体的恐惧可能与父母的教育、环境的影响及亲身经历（如被狗咬过而怕狗）有关。心理动力学派认为恐惧是被压抑的潜意识的焦虑的象征作用和取代作用的结果。条件反射和学习机理在本症发生中的作用是较有说服力的解释。

一个身材苗条的女大学生，即使在炎热的三伏天也依然穿着厚厚长长的牛仔裤，而且从来不穿裙子。是她的腿患有关节炎怕受凉吗?不是。是她的腿长得难看吗？也不是。原来，她是怕万一不小心猫呀、狗呀，或是别的什么长毛的动物蹭到她腿上。她怕一切带毛的动物，甚至连毛茸茸的小鸡也不敢碰，哪怕是这些动物离她稍近一点儿，也能使她毛骨悚然、惊恐万状。

像这些对某种特定事物或境遇产生不合情理的强烈恐惧、紧张不安，以至影响到一个人的工作、学习、日常生活或社会交往的病症，被称为恐惧性神经症，简称为恐惧症。此时，病人虽然知道这种物体或处境不会有危险，没有必要那么恐惧，却仍然竭力回避。

恐惧症分四类

恐惧症的中心症状是恐惧，并因恐惧引起剧烈焦虑甚至达到惊恐的程度。恐惧症因恐惧对象的不同可分为以下几种：

1. 社交恐惧

主要是害怕出现在众人面前，特别是对于被人注意更为敏感。此类患者不敢到公共场所，是一种缺乏自信的心态，害怕自己因发抖、脸红、出汗或行为笨拙、手足无措而引起别人的注意。因此，他们总是不愿从安静的会场走出，不敢在餐馆与别人对坐吃饭，从不在人对面就座，尤其回避与别人谈话。赤颜恐惧是较常见的一种，病人只要在公共场合就感到害羞、局促不安、尴尬、笨拙、迟钝，怕成为人们耻笑的对象。有的病人害怕看别人的眼睛，怕跟别人的视线相遇，称为对视恐惧。

2. 单纯性恐惧

单纯性恐惧是常见的一种，儿童时期多发。如对蜘蛛、蛇、高处、黑暗或雷雨等产生恐惧。对雷雨恐惧者，不仅对雷雨觉得恐惧，而且对可能发生雷雨的阴天或湿度大的天气也会感到强烈的不安，甚至为了解除焦虑主动离开这些地方，以回避雷雨发生。

3. 广场恐惧

不仅对公共场所恐惧，而且担心在人群聚集的地方难以很快离去，或无法求援而感到焦虑。这些公共场所包括火车站、超级市场以及理发室和影剧院等。因此这类病人常喜欢待在家里，不轻易出门，以免引起心神不定、烦躁不安。

4. 旷野恐惧

患者在经过空旷地方时就产生恐惧，并伴有强烈的焦虑和不安。因此病人怕越过旷野，严重时害怕越过任何建筑，如害怕跨越街道、桥梁、庭院和走廊等。此外，闭室恐惧者害怕较小的封闭空间，如怕乘电梯、地铁、火车、客船等。患者多呈慢性起病，可持续多年，但多逐渐有所改善，一般起病急者易缓解。

恐惧症的调节治疗

1. 行为治疗

行为矫正是主要治疗方法之一，常用方法有系统脱敏疗法、骤进的暴露疗法、计划实践法和生物反馈疗法。

2. 药物治疗

求助心理医生，吃些抗焦虑药与抗抑郁药，能消除患者因为恐惧而带来的焦虑和抑郁情绪，有利于行为矫正。

强迫症的测试和调适

强迫症是以强迫观念和强迫动作为主要表现的一种神经症。其以有意识的自我强迫与有意识的自我反强迫同时存在为特征，患者明知强迫症状的持续存在毫无意义且不合理，却不能克制其反复出现，愈是企图努力抵制，愈感到紧张和痛苦。病程迁延者以仪式性动作为主要表现，虽精神痛苦显著缓解，但其社会功能已严重受损。

王女士每次出门时锁好门下楼，可走不了多远，心里就开始紧张起来，脑子里反复在想：门锁好了吗?锁了、没锁，没锁、锁了……心里乱糟糟的，只好返回去检查门锁，结果每次门都锁得好好的。王女士明明知道会是这样的结果，但她每次都这样反复检查门锁，不检查就不放心，检查了才觉得心安。

小李在咨询室向心理医生诉说自己的苦恼："有一次考试前我复习得挺好的，有一道题目我明明做过，可考试时我想不起来了。从那以后，我看书刚翻过一页，就觉得前面的东西遗漏了，再翻回来看，一会儿又觉得什么东西忘了，回过头再看；经常像孩子似的用手指字，一字一句地读，一个字一个字地看，还是不放心。"

轻微的强迫症并无大碍，上述的王女士、小李都患有强迫症。强迫症是以反复出现强迫观念和强迫动作为基本特征的一种神经症性障碍。患者体验到冲动和观念来自自我，意识到强迫症状是异常的，但又无法摆脱。

生活中这样的事例并不少见，有的人总是不停地洗手；有的人会情不自禁地数大楼的窗户，数错一个，又从头数，反复进行；有的人做事怕出错，反反复复地检查。

赵静已经在一家外企做到高管，她在工作上对自己要求很严格，近于苛刻。一次，她寄出一份文件后才发现其中有一个错字。为此，她整整一个星期寝食难安，一想起来就觉得浑身不自在。赵静的问题属于强迫症。她自己剥夺了自己犯错的权利，不能接受工作中的错误。

强迫症占精神科病人总数的0.1%～2%，通常于青壮年期起病，性别分布上无显著差别。

导致疾病产生的因素

1. 遗传因素

患者近亲中的同病患病率高于一般人群。如患者父母中本症的患病率为5%～7%。双生子调查结果也显示强迫症与遗传有关。

2. 性格特征

三分之一的强迫症患者病前具有一定程度的强迫性人格，其同胞、父母及子女也多有强迫性人格特点。其特征为拘谨、犹豫、节俭、谨慎细心、过分注意细节、好思索、要求十全十美，但又过于刻板和缺乏灵活性等。

3. 精神因素

上海调查资料中35%患者病前有精神因素。凡能造成长期思想紧张、焦虑不安的社会心理因素或带来沉重精神打击的意外事故均是强迫症的诱发因素。

在强迫症的发生中，社会心理因素是不可忽视的致病因素之一。当身体健康状况不佳或长期身心疲劳时，均可促使具有强迫性格者出现强迫症。关于发病机理也有不同解释，巴甫洛夫学派认为在强烈情感体验影响下，大脑皮质兴奋或抑制过程过度紧张或相互冲突形成孤立的病理惰性兴奋灶，是强迫观念的病理生理基础。心理动力学派认为强迫症状来源于被压抑的攻击性冲动或“性欲望”。

有位刘先生，一直念叨着要给孩子买车跑出租。车买回来了，刘先生又直叹气，原来儿子的车牌号码是“xxx5214”，这不是“我儿要死”吗？自从看到这车牌号码之后，刘先生简直像着了魔似的，不但对车牌号码数字特别敏感，其他号码中只要带“2”“4”，他就用谐音往不吉利的方面联系，脑海中就会不断出现坏的联想，有时越想控制自己，就越会想得更多、更复杂。

强迫症状多种多样，既可为某一症状单独出现，也可为数种症状同时存在。在一段时间内症状内容可相对固定，随着时间的推移，症状内容可不断改变。

强迫症的表现

1. 强迫观念

即某种联想、观念、回忆或疑虑等顽固地反复出现，难以控制。

（1）强迫联想：反复联想一系列不幸事件会发生，虽明知不可能，却不能克制，并激起情绪紧张和恐惧。

（2）强迫回忆：反复回忆曾经做过的无关紧要的事，虽明知无任何意义，却不能克制，非反复回忆不可。

（3）强迫疑虑：对自己的行动是否正确产生不必要的疑虑，要反复核实。如出门后疑虑门窗是否确实关好，反复数次回去检查。不然则感到焦虑不安。

（4）强迫思考：对自然现象或日常生活中的事件进行反复思考，明知毫无意义，却不能克制。如反复思考：“房子为什么朝南而不朝北?”

（5）强迫对立思维：两种对立的词句或概念反复在脑中相继出现，而感到苦恼和紧张，如想到“拥护”，立即出现“反对”；说到“好人”时马上想到“坏人”等。

2. 强迫动作

（1）强迫洗涤：反复多次洗手或洗物件，心中总摆脱不了“感到脏”，明知已洗干净，却不能自控而非洗不可。

（2）强迫检查：通常与强迫疑虑同时出现。患者对明知已做好的事情不放心，反复检查，如反复检查已锁好的门窗，反复核对已写好的账单、信件或文稿等。

（3）强迫计数：不可控制地数台阶、电线杆，做一定次数的某个动作，否则感到不安，若漏掉了要重新数起。

（4）强迫仪式动作：在日常活动之前，先要做一套有一定程序的动作，如睡前要按一定顺序脱衣脱鞋并按固定的规律放置，否则感到不安并重新穿好衣、鞋，再按顺序脱放。

3. 强迫意向

在某种场合下，患者出现一种明知与当时情况相违背的念头，却不能控制这种念头的出现，十分苦恼。如母亲抱小孩走到河边时，突然产生将小孩扔到河里去的想法，虽未发生相应的行动，但患者却十分紧张、恐惧。

强迫症的几种自我心理疗法

强迫症在一般情况下，可以采取以下的方法进行自我调适，但在调适无效的情况下，说明情况已经严重，要找医生进行咨询和治疗。

1. 听其自然法

任何事情听其自然，该咋办就咋办，做完就不再想它，不再评价它。如好像有东西忘了带就别带它好了，担心门没锁好就当没锁好算了，东西没收拾干净就脏着乱着吧。经过一段时间的努力来克服由此带来的焦虑情绪，强迫症状会慢慢消失。

2. 宣泄疗法

让患者说出自己的紧张情绪，如自己过去曾在某个情景或某个时候受到的心理创伤、不幸遭遇和长期的紧张、焦虑、恐惧心理等等，把内心的痛苦情绪尽情地发泄出来。说出自己的恐惧，也就降低了恐惧；说出自己的紧张，也就缓解了紧张。

3. 转移注意力

当出现强迫症状时，要想办法转移注意力，尽快脱离现实症状，摆脱痛苦。例如，一到出门时就检查门锁，怎么克服呢?把时间安排得紧一点，如果平时上班需在路上花30分钟，20分钟就比较紧张了，那么就留20分钟赶路，因为时间紧，怕迟到，出门前先用心看看门锁，出门后注意力都用在赶时间上，也就来不及再反复检查门锁了。

4. 不做完美主义者

强迫症患者常常有完美主义性格，治疗者应让他们认识到办事太完美的心态是不正确的。世界上不存在十全十美的完人，我们可以尽力把该做好的事做好，但每个人都应承认和接受自己有犯错误的可能。因此，建议患者对工作、学习、生活采取乐观态度，对人对事不必过分认真，对自己也不必过分苛刻，提高自己随机应变的能力。

5. 多参加文体活动

从事各种有趣的文体活动，可以缓解生活或工作中的单调、乏味状态，减少精神压力和紧张情绪。坚持正常的学习与生活，做自己应该做的事，让生活充实起来，就会减轻症状的干扰，恐惧和焦虑的症状也会逐渐减轻。

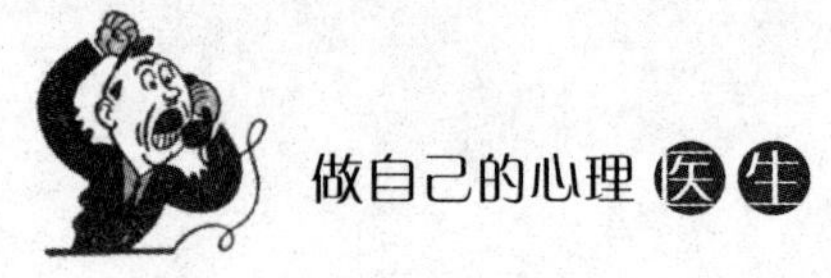

癔症的测试和调适

在冯小刚电影名作《大腕》里，有个精神病患者给大家留下了深刻的印象。该患者自我幻想、自我陶醉，描绘了一番发财后的美景，演员的演技是没的说，每次看到这里，都让人忍俊不禁。

故事里的幻想者就是个癔症患者，癔症又称“歇斯底里”。这是一类由精神因素，如重大生活事件、内心冲突、情绪激动、暗示或自我暗示等，作用癔症个体引起的精神障碍。主要表现为各种各样的躯体症状，意识范围缩小，选择性遗忘或情感暴发等精神症状；但不能查出相应的器质性损害作为其病理基础。

癔症的原因

精神因素，特别是精神紧张、恐惧是引发癔症的重要因素。这在战斗中发生的急性癔症上表现得特别明显；而童年期的创伤性经历，如遭受精神虐待、躯体或性的摧残，则是成年后发生转换性和分离性癔症的重要原因之一。但躯体化障碍的发病与精神因素关系并不明显。精神因素是否引起癔症，或引发何种类型癔症与患者的生理心理因素有关。情绪不稳定、易接受暗示、常自我催眠、文化水平低、迷信观念重、青春期或更年期的女性，较一般人更易产生癔症。具有情感反应强烈、表情夸张，寻求别人经常性注意和以自我为中心等表演型人格特征的人在受到挫折、出现心理冲突或接受暗示后容易产生癔症。但这类人格特征并非癔症产生的必要条件。有一些不具有这类人格的人在强烈的精神因素影响下，同样可以产生癔症反应。

癔症的表现

癔症性精神障碍，又称分离性障碍。主要表现为发作性意识范围狭窄、具有发泄特点的急剧情感爆发、选择性遗忘或自我身份识别。癔症的这一类型发病时的精神因素很明显。尽管患者本人否认，但旁人看来，疾病的发作常有利于患者摆脱困境、发泄被压抑的情绪，获取别人同情，或获得支持和补偿。反复发作者，往往通过回忆和联想与既往创伤经历有关的事件或情景即可发病。按照临床的特点，这一类型又可区分为以下类别：

1. 癔症性朦胧状态，主要表现为意识范围缩小

患者的精神活动常局限于与发病有关的不愉快体验；对外界其他事物，反应迟钝或不予理睬，其语言、动作、表情多反映其精神创伤内容。此种状态常突然发生，历时几十分钟即可恢复常态，清醒后对病中经历不能完全记忆。

2. 情感暴发

意识障碍较轻，常在与人争吵、情绪激动时发作：啼哭、叫喊、在地上打滚、捶胸顿足、撕衣毁物、扯头发或以头撞墙。其言语行为有尽情发泄内心愤懑情绪的特点，在多人围观的场合发作尤为剧烈。一般历时数十分钟即可安静下来，事后可能有部分遗忘。

3. 癔症性神游症

患者突然从家中或工作场所出走，到外地旅行，旅行地点可能是以往熟悉或有情感意义的地方。此时患者意识范围缩小，但日常的基本生活（如饮食起居）能力和简单的社会接触能力（如购票、乘车、问路等）依然保持。有的患者忘却了自己以往的经历，而以新的身份出现，他人不能看出其言行和外表有明显异常。历时几十分钟到几天，清醒之后对病中经历不能回忆。

4. 癔症性假性痴呆

患者在遭受精神创伤之后突然出现严重的智力障碍，对最简单的问题和其自身状况不能做出正确的回答，或给予近似的回答，给人以呆滞的印象。但患者无脑器质性病变或其他精神病存在，有别于器质性或抑郁性假性痴呆。

5. 癔症性木僵

遭遇精神创伤之后或为创伤体验所触发，出现较深的意识障碍，在相当长的时间内维持固定姿势，仰卧或坐着，没有言语和随意动作，对光线、声音和疼痛刺激没有反应。此时患者的肌张力、姿势和呼吸无明显异常。以手拨开其上眼皮，可见眼球向下转动，或紧闭其双眼，表明患者既非入睡，也不是处于昏迷状态。一般数十分钟即可自行醒来。

6. 恍惚状态和附体状态

恍惚状态表现为明显的意识范围缩小，当事人处于自我封闭状态，其注意力和意识活动局限于当前环境的一两个方面，只对环境中个别刺激产生反应。处于恍惚状态的人，如果其身份为神灵或已死去的人所代替，声称自己是某神或已死去的某人在说话，则称为附体状态。癔症性恍惚状态和附体状态是不随意的、非己所欲的病理过程；患者的运动、姿态和言语多单调、重复。通过他人或自我暗示，可随意控制这类状态的出现或消失者，虽属意识分离现象，不应诊断为癔症。

7. 癔症性遗忘症

患者没有脑器质性损害，而对自己经历的重大事件突然失去记忆。被遗忘的事件往往与精神事件有关，并非因为偶然而想不起来。如果只限于某一段时间内发生的事件不能回忆，称局限性或选择性遗忘；对以往全部生活失去记忆则称为广泛型遗忘。

8. 多重人格

患者突然失去对自己往事的全部记忆，对自己原来的身份不能识别，以另一身份进行日常社会活动。表现为两种或两种以上明显不同的人格，各有其记忆、爱好和行为方式，完全独立，交替出现，互无联系。在某一时刻只是显示其中一种人格，此时意识不到另一种人格的存在。初次发病时，人格的转变是突然的，与精神创伤往往是密切相关的；以后人格转换可由联想或特殊生活事件促发。患者以两种人格交替出现者较常见，称双重人格或交替人格，其中一种人格常居主导地位。

9. 癔症性精神病

在受到严重的精神创伤之后突然起病，主要表现为明显的行为紊乱，哭笑无常，短暂的幻觉、妄想和思维阻碍，以及人格解体等。其症状多变，多发生于表演型人格的女性身上。病程很少超过三个星期，可突然恢复常态，而无后遗症状，但可再发。

癔症的治疗

1. 认知疗法

通过说服、教育和保证等方法，帮助患者改善人际关系，提高社会适应能力，力争完全控制复发。

2. 暗示疗法

用语言暗示，用肯定而有信心的语言指导和鼓励患者，提高其信心，避免周围负面影响。

3. 催眠法

在催眠状态下，通过揭示矛盾、暴露隐私和发泄欲望并且加以解释和疏导，也能获得较好的效果。催眠步骤是：首先改善情绪，消除胸闷气短等身体不适感；其次是了解发病的诱因以及真正的心理问题，进行解释和疏导；第三是针对症状采取催眠暗示疗法；第四是纠正患者不良性格倾向，巩固疗效；第五是帮助患者改善人际关系，提高社会适应能力，力争完全控制、不再复发。

4. 药物疗法

临床发现，在有的癔症患者疾病发作的时候，立即找医生咨询，服用治疗传导阻滞的药物，如治疗心脑血管疾病的药物，症状会很快消失。

疑病症的测试和调适

疑病症又称疑病性神经症，是以疑病症状为主要临床表现的神经症。患者对自身健康状况或身体的某一部分功能过分关注，怀疑患了某种严重的躯体或精神疾病，但与其实际健康状况不符，虽然医生对其检查正常，但仍不足以消除患者固有的成见。通常疑病症患者伴有紧张、焦虑和抑郁，四处求医多方检查，采用一般性说明方法无法消除其思想顾虑。

王女士是一名从事钻探测量工作的工人，由于工作的需要，她经常在野外作业。大约九年前的一天，她在离工地不远的一个大油桶后面小便。这时，她看见一条蛇在蠕动，而且就在她的附近。她顿时感到毛骨悚然，穿好衣服赶紧往工地上跑。

自从发生这件事以后，她晚上经常做噩梦，还梦见找厕所。不仅做噩梦，她的身体似乎也发生了病变，经常尿急、尿频，小肚子也不时感到憋胀。王女士认为，自己经常做噩梦、尿频、尿急、小肚子憋胀这些机体的不良反应是因为泌尿系统发生了感染，并怀疑自己得了性病。为了证实她的想法并得到有效治疗，她来到当地的县医院，抽血、化验尿常规、查肾病、查性病，进行泌尿系统的各种检查。检查结果出来了，一切都正常。可是，王女士还是认为自己有病，她要丈夫带她到省里的医院去检查，结果当然还是一样的，她还是不信。

因为她经常感到尿急常去小便，这势必会影响她的正常工作，进而影响到她的收入，从而使家庭生活质量降低。而且，她晚上睡不踏实，又常做噩梦，影响了正常的夫妻生活。他们夫妻的吵闹在一定程度上影响了正在成长中的儿子的情绪，时间久了，也引起了公公婆婆的不满。在这种情况下，她的父母对她的公公婆婆也有了看法，以为女儿得不到婆家人的关心，亲家之间的关系也不如以前和谐了。

这是一个令人心痛的故事。主人公在长达九年的时间里反复求医进行各种各样的检查、化验，至今仍难以自拔。促使她这种行为产生的一个重要原因，是那一次意外的惊吓事件，那次惊吓所产生的阴影在潜意识中一直纠缠着她。

按照生物医学的惯例，认为如出现尿频、尿急的状况，但尿常规正常，没有尿痛等症状，就不构成泌尿系统感染。从心理—社会—生物学模式来讲，主人公发生尿频、尿急这些机体反应，与她生活中发生的应激事件有关。她被蛇惊吓后，精神上受到一定程度的刺激，惊恐、畏惧、痛苦等心理反应与尿频、尿急等生理反应联系了起来。而在事情发生的初期，主人公的这些痛苦没有得到正确的心理引导，慢慢地，主人公就以为是躯体有了疾病，导致她不停地去医院进行检查。她在心里无法认同“自己没病”这一事实，心理负担无疑会加重。另一方面，由于长期就诊，她的正常工作受到了影响，经济收入也降低了；这么多年检查吃药的花费也是一笔昂贵的支出，生活质量自然会降低；经常外出看病，公公婆婆有了怨言，她感到很难过；而她的娘家人又对其丈夫和公公婆婆不满意；她的丈夫也觉得自己非常委屈，两家的关系也变得紧张了。以上这些因素，都在某种程度上使主人公更加压抑、紧张、焦急、不安、恐惧，她感到得不到亲人们的理解，痛苦不堪，甚至对生活失去了信心。

疑病症的表现

这一类病人常有以下的疑病性格特征：过度注意自己的躯体健康和生命安全。对自己体内不舒服的感觉非常敏感，过多自我注意、自我检查、自我暗示，甚至将正常的生理性感觉扩大为疑病的臆想。例如将心悸、胃肠道不适感觉扩大为心脏病、癌症等，为此到处求医觅药。这类人喜欢翻阅各种医学书籍及报纸，对卫生常识、医疗信息特别注意和敏感，无端地进行自我联系，希望从中找出致病的原因及治病的良方秘诀，为此产生不必要的紧张、疑虑、担心等情绪反应。典型抑郁质和体质欠佳者容易诱发疑病症。

对于疑病症的诊断必须十分慎重，不应乱下结论。原因有三：其一，疑病症是一种功能性神经症，必须对患者进行认真细致的客观检查，在排除器质性疾病的基础上，才能下本病诊断。轻率下诊断，将器质性疾病误诊为功能性疾病，会延误病情，危害病人健康。其二，不少患者对疑病症诊断很反感，常将疑病症与装病等同起来，导致对医生不信任，这样不利于心理治疗。其三，对可疑病例，宁可继续观察，或者边诊治、边观察，最后确立准确诊断，这样做有利于患者的身心健康。

克服疑病症

听从医生的建议，以心理治疗为主，药物治疗为辅。

1. 心理治疗

医生开始要耐心细致地听取患者诉说，让他们出示各种检查结果，持同情关心的态度，尽量不要触动患者的症状或要他们承认疑病，这样往往适得其反，弄巧成拙。医生应尽量回避讨论症状，与患者建立良好的关系。医生可取得亲属的协助，在患者信赖医生的基础上，引导患者认识该病的本质，并指出不是什么躯体疾病，而是一种心理障碍，这种心理障碍就需要用心理的办法去治疗。如果患者的暗示性很高，可以进行一些暗示疗法，可获得非常好的效果。但如果治疗失败，将会增加治疗的难度。另外，转移环境，改变生活方式，转移患者的注意力，引导患者做另一种有趣的事情，症状也可获得一定缓解。

2. 药物治疗

为了消除患者的焦虑、抑郁、失眠等症状，可酌情使用安定和三环类抗抑郁药。

第五章

实用心理暗示疗法

潜意识左右成功

潜意识是潜藏在我们一般意识下的一股神秘力量，是相对于“意识”的一种思想，又称“右脑意识”“宇宙意识”。潜意识也就是人类原本具备却忘了使用的能力，这种能力我们称之为“潜力”，也就是存在但却未被开发与利用的能力。潜能的动力深藏在我们的深层意识当中，也就是我们的潜意识。

潜意识的力量

人类有95%以上的神经元处于未使用状态，这些沉睡的神经元如果能够被唤醒，几乎人人都可以变成“超人”。如果将人类的整个意识比喻成一座冰山的话，那么浮出水面的部分就属于显意识的范围，约占意识的5%，换句话说，隐藏在“冰山”底下95%的意识就属于潜意识。

像爱因斯坦、爱迪生等天才人物，一生中也不过运用了他们潜意识力量的2%。因此，不论你才智高低、成功背景好坏，也不论你的愿望多么高不可攀，只要懂得善于运用这股潜在的能力，它就一定可以将你的愿望在你的生活中体现出来。

潜意识大师摩菲博士说过：“我们要不断地用充满希望与期待的话来与潜意识交谈，于是潜意识就会让你的生活状况变得更明朗，让你的希望和期待实现。”只要你不去想负面的事情，而选择做积极、正面、有建设性的事情，你就可以左右你自己的命运。

一个母亲由于莫名的烦躁，对自己调皮的孩子不上进感到焦虑，经常打骂指责自己的孩子，并对孩子说：“你瞎了吗，这样的东西都看不见?”或者“你聋了吗，我讲的话你都听不进去?”在这里可以看出母亲在打骂孩子的过程中，不自觉地向孩子心灵植入潜意识，可以预见的是：这个孩子将来在视觉或听觉方面肯定会有心理障碍，或者是听不清所有的音色，或者是看不全所有的颜色。这都是负面的情绪不断输入造成的结果。

人有所谓的意识和潜意识，一般人学习的时候，都是运用意识的力量，然而，世界潜能大师博恩·崔西曾经说过：“潜意识的力量比意识大三万倍以上。”所以，任何潜能开发，任何希望要实现，都要依靠潜意识。

潜意识的刺激源

1. 欲望。
2. 音乐。
3. 友情。
4. 盟谊。
5. 诸如遭迫害者所体验到的苦难折磨。
6. 自我暗示。
7. 恐惧。
8. 对神经有刺激性的物质。

如何开发潜意识

潜意识包罗万象，非常神奇，那么如何来训练开发和利用它呢?

1. 训练开发潜意识的无限储蓄记忆功能

如果你想建造高楼大厦，就必须储备好各种各样的建筑材料、装修材料、设计知识、建筑技能、各种建筑机械，还有指挥管理技能等等。对于一个追求成功与卓越的人来说，应该不断地学习新的东西，给潜意识输进更多的基本常识知识、专业知识、成功知识以及相关的最新信息。“事事留心皆学问”，你想要大脑更聪明，更有智慧，更富于创造性，更符合现实性，就

必须向潜意识输送更多的相关信息。

2. 训练对潜意识的控制能力，让它为我们的成功服务

由于潜意识是非不分，积极与消极、好的与坏的统统吸收，常常跳过意识而直接支配人的行为，或直接形成人的各种心态。所以，成也潜意识，败也潜意识。

因此，我们要训练自己，努力开发利用有益的、积极的、成功的潜意识，对可能导致失败、消极的潜意识严格控制。

具体来说，珍惜原来潜意识中的积极因素，并不断输入新的有利于成功的信息资料，使积极成功的心态占据统治地位，成为最具优势的潜意识，甚至成为支配我们行为的直觉习惯。

另外，对一切消极失败心态的信息进行控制，不要让它们随便进入我们的潜意识中。遇到消极思想信息时，可采取两个办法加以控制：一是立即抑制它、回避它，不要让它污染你的思想。对过去无意中吸收的消极失败潜意识，永远不要提起它，把它遗忘，让它沉入潜意识的深处。二是进行批判分析，化腐朽为神奇。用成功积极的心态对失败消极的心态进行分析批判，化害为利，让失败消极的潜意识像毒草化成肥料一样变成有益于成功的思想意识。

3. 开发利用潜意识自动思维创造的智慧功能，帮助我们获得创造性灵感

潜意识蕴藏着我们一生中有意识无意识感知认知的信息，又能自动地将信息进行排列组合分类，并产生一些新意念。所以我们可以给它指令，把我们成功的梦想、所碰到的难题化成清晰的指令，经由意识转到潜意识中，然后放松自己等待它的答案。

很多人冥思苦想某一问题，结果却在梦中，或是在早晨醒来后，或在洗澡时，或在走路时突然得出了答案或灵感。所以我们要随时准备纸和笔，记下突然而来的灵感。电影大王邵逸夫，在任何地方，都备有一本记事簿，一旦灵感从潜意识中跳出来，便立刻记下来。这使邵逸夫成就了辉煌的事业。

4. 不断想象，不断自我确认，不断自我暗示

假设你想要成功，就念“我会成功，我会成功，我一定会成功”；假设你想赚钱，你就念“我很有钱，我很有钱，我一定会很有钱”；假设你想要让自己的业绩提升，就告诉自己，“我的业绩不断提升，不断提升，我的业绩一定会不断提升”；假设你想要存钱，就不断地告诉自己：“我很会存钱，我很会存钱，我很会存钱”。这样不断地经由你反复练习，反复输入，当你的潜意识可以接受这样一个指令的时候，所有的思想和行为都会配合这样一个想法，朝着你的目标前进，直至达到目标为止。

很多人试了这个方法，没有效果，原因是他们重复的次数不够多。要不断重复，大量重复，随时随地不断地确认你的目标，不断地想着你的目标，这样，你的目标一定会实现的。

一旦潜意识接受了一个想法，它就开始执行。潜意识既执行好的想法，也执行坏的想法。你要是消极地使用这一规律，它就会给你带来沮丧、失败和不幸。如果你的思维习惯是和谐的、具有建设性的，那你就会经历健康、成功和一切美好的事情。

意识是可以进行推理、可以做出选择的。例如，你可以选择书籍，选择住房，选择伴侣等。而潜意识是不受控制的。

心理暗示

你的意识，是你潜意识的“守门人”，它主要防止潜意识受到错误观念的影响，你现在知道了心理的一个基本规律：潜意识服从于暗示，它不进行任何对比和判断，自己没有主张，而这些都是意识干的事。潜意识只给出反应，对任何暗示一律平等。

假定你在上船时见到一位看起来很胆怯的乘客，然后你就上去向他说：“你看起来气色不好，脸色发白，我担心你可能要晕船，让我来帮你去客舱。”

这位乘客听到你所讲的话，使他原本的担心更加重了，一想到晕船就使他脸色发白，他就不得不接受你的帮助了。这就是消极暗示起到了作用。

但如果你见到一个健壮的船员，你也走上前去对他说：“哦，亲爱的兄弟，你看上去一定病得不轻，难道你不觉得吗?我看你肯定会晕船的。”

他要么笑你在开玩笑，要么会显得有点儿生气。暗示在船员身上没有起任何作用，因为在他心里，他具有对晕船的免疫力，这种免疫力会使他非常自信，毫不担忧。

不同的人对相同的暗示会产生不同的反应，因为他们潜意识中的意志和信仰不同。字典中对暗示一词的解释是：一种心理影响，用语言、手势、表情等使人不加考虑地接受某种意见或做某件事。但暗示不能违背人的意愿，强加于人。

换句话说，你的意识有权拒绝接受任何暗示。

在这个例子中，船员不怕晕船，他对晕船有免疫力，消极的暗示无法引发他对晕船的恐惧。我们每个人心中都存在着各种恐惧和担忧、不同的信仰、各种想法或假设，它们支配着我们的生活。如果一个人的内心怕晕船，那么你的建议会起作用。

暗示可以来自自我也可以来自他人，它在人们的日常活动中起着很重要的作用。在有些民族中，这种力量成为宗教中的力量。

由于暗示不仅可以自我控制，也可以用来控制和指挥别人。如果我们能正面地、积极地利用它，其结果就是美好的。反之，如果我们消极地、恶意地利用它，那么，它只会带来痛苦和灾难。

我们从小就接受了很多不好的暗示而不知道怎样抵抗，我们的潜意识里充满了消极的东西。例如：

"你不行!"

"你能干什么?"

"这事你干不了。"

"你会输的。"

"你不会有机会的。"

"你全错了!"

"这没用。"

"你知道什么?"

"这世界完了。"

"没用，没人问。"

"别费劲儿了。"

"情况越来越糟糕。"

"生活就是无休止的磨难。"

"只有鸟儿才会有爱情。"

"你会很快破产的。"

"注意，你会染上病毒的。"

"任何人都别信。"

……

随便拿起一张报纸，你都会发现，有许多报道都是消极的，让你感到无能为力、担忧，或如临大敌，你一旦接受这些信息，你会觉得生活毫无意义。要经常反思一下，别人对你说了哪些消极的东西?你是不是受到影响?我们每个人从小就遭遇过许多负面的暗示。

你分析分析看，其中大部分几乎都是一种宣传，目的就是让你害怕。别人对你的暗示天天都发生，在家里、在办公室里、在工厂、在俱乐部……你会发现，这些暗示的目的，就是让你按照他们所说的去想、去感受、去行动，以便更好地受其利用。

曾经有一个人在印度去拜访一个用水晶球占卜的女巫，这个女巫告诉他说，他的心脏不好，在下一个满月时，他就会死去。他开始告诉家人，准备遗嘱和料理后事。这种暗示的力量进入了他的潜意识，他完全接受了。他还跟他的家人说，这女巫有奇特的超自然力量，她可以让你活也可以让你死。于是这个人就按照女巫的预测真的死了，这期间他听不进任何人的劝告。

当一个人有意识地相信某事时，他的潜意识就完全接受并做出反应。上文所讲的人去占卜前，是一个健康、幸福和有活力的人。当他接受了占卜的结果后就感到恐慌，经常想到快要死了这件事，并且遇人便说他要死了。

死亡的发生首先是在他的心中，他的思想就是他的死亡原因。人们用自己的思想来自杀并不是件稀奇的事。这个女巫的力量不比地上的任何一块石头或一根棍子大多少，她没有什么力量能使她的预测实现。

因此，是你自己最终决定你的思想。记住，你有权选择快乐、爱情和健康幸福的生活。

一个男子两年多来一直在自我暗示："如果我女儿的病能治好，我宁愿失去我的右臂。"他的女儿患了一种关节炎和一种皮肤病，生活不能自理。长期的药物治疗不起作用。他非常希望女儿能够康复，所以他不断地为女儿祈祷。

有一天他开车外出出了车祸，右臂真的断了，而那天他女儿的关节炎和皮肤病也立刻就好了。

所以，你在向潜意识示意的时候，一定要用些美好的暗示，用那些能治愈人的、能保佑人的、能激励和启迪人的话语。切记，你的潜意识不会识别“开玩笑”，它把什么都当成是真的来接受。

又一个自我暗示的例子：

一个纽约人到芝加哥去，看看手表，他告诉他的芝加哥朋友已经12点了，这个朋友马上说他肚子饿了，要去吃午饭。其实，这个芝加哥朋友根本没有意识到纽约同芝加哥有一小时时差，纽约朋友的手表比他的要快一小时。

“暗示”是一种自我或他人的语言、文字、手势、情景等对自己心理上的作用，这种作用会使人按一定的方式接受某种信念与意见并付诸行动。暗示的特点在于接受暗示的人在暗示的作用下，不需经过说理论证，不进行分析评判，就盲从、附会地接受这种暗示的意见和解释。一般情况下，人是很容易受暗示影响的，这是一种正常的心理现象。

暗示在我们生活中无处不在：影视作品、电视广告、报纸杂志在传播着各种信息；在与人交流中，别人的话会对自己产生影响，自己的想法也会对自己的某些行动产生很大作用。因此暗示又可分为自我暗示和他人暗示。

如果意志力脆弱或疲劳，那么就面临着接受不良暗示的危险。人在幼年时期意志力脆弱，来自外界的不良暗示造成心理积存，就会诱发心理问题。青少年以及成年人也会有意志力的疲劳，于是不良暗示乘虚而入。为了抵消不良暗示的心理影响，让我们每天这样——用平声念：“灿烂的太阳是多么美丽啊。”争取每天多念几次。

暗示的层次

那些成就非凡的人在关键时刻都能进行积极的自我暗示，都能自己给自己增强信心，因此他们战胜了无数的困难，获得成功。

暗示是影响潜意识的一种最有效的方式。它超出人们自身的控制能力，指导着人们的心理、行为。暗示有着不可抗拒和不可思议的巨大力量。

暗示影响人的情绪和意志，人生经历中出现的不良暗示信息，只有通过暗示才能替换掉。不良的暗示和消极的暗示，会直接导致失败。

我们应该每天给自己成功的暗示。要实现梦想，达到目标，给予自己正面暗示，在此基础上全力拼搏，不达到目标决不罢休。

按照形式来分，暗示可分为环境暗示和自我暗示。所谓环境暗示是指暗示的发生有较强烈的外界诱发因素。而自我暗示来源于人体自身，即自己把某种观念暗示给自己。

按照性质来分，暗示可分为积极暗示和消极暗示两种。积极暗示就是在对待任何事物的时候都能找到其积极的一面，并从积极的角度去思考和解决问题；而消极暗示则与之相反，不管事物的状况如何，总是从消极的角度去思考和处理它，并坚信事物的结果是不好的、消极的。

按照心理学和相关学科的分类，这些暗示和自我暗示分为三个层次：

第一个层次，即日常所说的狭义的语言文字系统的暗示和自我暗示。

当十个人都非常认真地重复一句话：“你有病，不正常，很厉害，需要去检查。”结果会是什么呢？你真的会以为自己已经有病了，然后，真的去医院检查了，而且很可能就检查出疾病。

语言不仅对他人有暗示作用，还有自我暗示的作用。一个人如果故意对他人说心情不好，他见一个人就说“我心情不好，别碰我”，说得多了，他真的就心情不好了，这种情况是经常发生的。

语言有着暗示和自我暗示的力量。当我们讲自信积极时，要在前面加一个“我”字，“我勇敢，我成功”，这就是语言上的自我暗示。

第二个层次是动作语言、表情语言的暗示和自我暗示。

人们交流不光通过语言，还通过我们的形体动作和表情。动作和表情也是语言，叫作动作语言和表情语言。

如果我对你挥拳头，这个动作表明威胁。如果我对你鼓掌，表明对你的欢迎和鼓励。如果你在台上演唱，大家不断鼓掌，这是大家给你肯定赞扬的暗示，这会使你信心大增。

动作和表情语言对人有非常强烈的暗示和自我暗示的作用。微笑的表情给我们带来好的心情，让我们每天多一点微笑，那么你每天就会快乐一点。因为，微笑是一个良好的暗示。

第三个层次是环境语言的暗示和自我暗示。

我们生活在各种各样的语言、暗示包围之中。展开来看，我们周围的环境、大自然每天都在暗示我们。

当我们见到大海，我们受到大海的暗示，心胸不由得开阔；我们见到高山，受到高山的暗示，不由得感到庄严而宁静。

环境暗示是不可抗拒的，不仅在自然环境中是这样，在社会环境中，社会文化同样对我们有暗示作用。

我们在这个世界中生活，大自然和社会文化融为一体，于是，我们不可避免地要受到自然环境和文化传统的暗示。暗示无所不在。暗示就像人类的影子，只要有思维存在的地方，就会有暗示的存在。

自我暗示

第二次世界大战期间，心理学家曾做过一个这样的实验：当时美国军方招募了一批“不三不四”的人到前线打仗，他们纪律散漫，很不听指挥。后来，当局请来心理学家帮助管理，心理学家要他们每人每月都给家人写一封信。他们很高兴，但都不知道写些什么。于是，心理学家就将信的内容拟好，要他们自己抄一遍。信的内容是要他们告诉亲人，自己在前线如何勇敢，如何听指挥和立功等，每次的内容都基本相似。半年之后，他们竟一个个都变了样，变得像信中说的那样勇敢和守纪律。是什么力量使他们变好了呢?就是那良好愿望的暗示作用。

自我暗示又称自我肯定，是对某种事物有利、积极的叙述。这是一种使我们正在想象的事物坚定和持久的表达方式。进行肯定的练习，能让我们开始用一些更积极的思想和概念来替代我们过去陈旧的、否定性的思维模式。这是一种强有力的技巧，一种能在短时间内改变我们对生活的态度和期望的技巧。

自我暗示可以默不作声地进行，也可以大声地说出来，还可以在纸上写下来，更可以歌唱或吟诵。我们每天只要进行十分钟有效的肯定练习，就能改变我们许多年的思维习惯。我们越经常性地意识到我们正在告诉自己的一切，越是选择积极、张扬的语言和概念，我们就越能够容易地创造出一个积极的现实。

肯定，可以是任何积极的叙述，它可以是很普通的或是很特殊的。我们所能做的肯定在数量上是无限的，它可以涉及我们愿意改善自己的任何方面。如：

“我是一个聪明、漂亮的人。”

“在我所从事的专业领域里，我是出类拔萃的。”

“我是最棒的。”

“我具有强大的行动力。”

“我能实现自己的美好愿望。”

自我暗示的作用

在第22届奥运会上，日本运动员具志坚每次比赛出场前，总要紧闭双目，口中念念有词。男子体操全能决赛中，我国体操名将李宁、童非，美国体操明星麦克唐纳、康纳斯等相继出现失误，唯独具志坚一路发挥正常，最后夺得全能冠军。比赛结束后，有记者问他，上场前口中默念的是什么?具志坚笑而不答。一时间，具志坚的“咒语”成了许多人关注的谜。其实，具志坚默念的内容无甚要紧，即使他向上帝祈祷，未见得上帝真会保佑他，重要的是，他的这种“默念”，起了积极的自我暗示作用。

为什么通过言语的自我暗示，就能起到安定情绪等作用呢?这是因为，言语中的每一个词、每一句话，都是一定的外界事物和生活现象的代表。例如“酸梅”这个词，代表着生长在树上的酸梅子。吃酸梅会流口水，这是一切动物都具有的本能，也是巴甫洛夫称之为第一信号系统的活动；而听到、见到“酸梅”这个词也会流口水，则是人类所特有的第二信号系统的活动。这就是用言语自我暗示，影响生理功能而起到治疗作用的科学依据。

美国作家欧·亨利的名篇《最后一片叶子》，叙述了两个年轻的女画家到华盛顿去写生，其中一个叫琼西的得了肺炎。她躺在旅馆的床上，忽然注意到窗外的常春藤上只剩下最后一片叶子，从此便认定这片叶子是她生命的象征，叶子一落，她就要死了。有一天晚上，暴风骤雨突然来临，她想那片叶子一定保不住了，于是哭得很伤心。但是，第二天她拉开窗帘一看，那片叶子依然如故。于是，她十分高兴，病情也有所好转。其实那片叶子本来已经被吹落，她看到的那片叶子是一位老画家为她画在墙上的。这个故事只是小说中的一段情节，不是真实的案例。它对科学知识做了艺术的夸张。但我们仍然可以从中得到启示：人们对自身的感觉、自身的信念，如果无条件加以接受，就只有自我暗示的作用，会影响人的心理和生理，而且对疾病的预防也有重大的影响。

自我暗示是一种常用的心理调整方法，具有下列心理效应：

1. 镇定作用

人的心理十分复杂，经常要受外界情境的影响。尤其是在对抗、竞争的条件下，对手创造一个好成绩，或工作做到你前面去了，会造成你的内心紧张。本来你完全有实力超过他，因为心理上的紧张，反而束缚了你的潜在能力的发挥。自我暗示在这时就能起到排除杂念、镇定情绪的作用。

2. 集中作用

这同镇定作用密切相关。一件事情，尤其是具有一定难度的事情的成功，总是离不开注意力的高度集中。缺乏心理训练的人，常常是到了注意力应该高度集中的时候，却出现三心二意的情况。怎么办?学会自我暗示，兴许能减少你的苦恼。

3. 提醒作用

一位大文豪说，当你想和别人吵架，并准备好某些词语时，请你在嘴里默念："我一定不要让这些词语出口!"只要这样做，大多是吵不起来的。这也是一种自我暗示的方法，它可以提醒人们不去做某种事情。另外，当你准备做某件事情，而出现心理障碍，如胆怯、紧张时，自我暗示也能起到强化的作用。

自我暗示的用处很多、范围也很广，只是开始时，效果往往不明显。这不奇怪，人的心理调整不是一蹴而就的。要把原有的心理活动纳入自己所期望的轨道，需要具有心理约束力。凡事开头难，效果也有一个由小到大的过程。只要我们持之以恒，不以途远而怯之，不以效微而废之，日久天长，自我暗示就一定能成为我们进行心理调整的得力助手。

自我暗示如何运用

1. 始终要用现在时态而不是将来时态进行暗示

如：我们应该说“我现在获得了幸福的爱情”而不说“我将来会得到幸福的爱情”，这并非是自欺欺人，而是基于这样的事实：每件事物都是首先被人想到，然后才能在客观现实中实现的。

2. 要在最积极的方式中进行

肯定我们所需要的，而不是不需要的。不能说“我再也不偷懒了”，而是要说“我越来越勤奋，越来越能干”，这样做可以保证我们总是创造最积极的思想形象。

3. 一般来说，语句越简短，就越有效

一番简短的肯定应该是传达出强烈情感的、清晰的陈述，情感传达得越多，给我们的印象就越深。那种冗长、充满理论性的肯定丧失了对情感的冲击力，变成了一种“头脑游戏”。

4. 始终选择那些完全适合自己的肯定

对一个人有效的肯定，对另一个人也许根本无效。我们所进行的肯定应该是使自己觉得积极、自在，或是对自己有支撑性的。如果不是这样，就试着改动言语，直到感觉合适为止。

5. 进行肯定时，始终要记住我们在创造新的事物

我们不是试图取消或改变新的事物，这样会引起存在者的冲突和挣扎。我们应该采取的态度是：接受并处理那些已经存在的事物，但与此同时，每一个时刻，我们都应该开始创造自己确切希望的事物，并获得最幸福的新机会。

6. 肯定并不意味着要抵触或努力改变自己的感受和情绪

接受并体验自己所有的情感是很重要的，包括所谓的否定性情感，而不是试着改变它们。这样做，肯定会帮助我们创造出一个对于生活的新的观念，这会使我们从此可以有越来越多的快乐体验。

7. 在进行肯定时，尽可能努力创造出一种相信的感觉，一种它们已经真实存在的感觉，这样将使肯定更加有效

运用心理暗示治疗疾病

在第一次世界大战的战场上，一个国家的战士中传播着一种怪病：很多士兵的双腿没有任何器质性病变，但却不能走动，这极大地影响了士气。后来军方请来了一位有名的医生，用了一种神奇的药，从小脚趾开始向膝盖涂抹，每天只涂抹一处，并保证一周后肯定能好。一个星期后，这些士兵恢复了行走能力，重新投入了战斗。实际上，故事中的这位医生用的只是生理盐水，并不是什么奇方。这就是自我暗示的神奇力量。

暗示疗法是利用言语、动作或其他方式，并结合其他治疗方法，使被治疗者在不知不觉中受到积极暗示的影响，从而接受心理医生的某种观点、信念、态度或指令，以解除其心理上的压力和负担，实现消除疾病症状或加强某种治疗方法效果的目的。暗示疗法的具体方法很多，临床常用的有言语暗示、药物暗示、手术暗示、情境暗示等。此外，心理医生对患者的鼓励、安慰、解释、保证等也都有暗示的成分。

暗示疗法可分他人暗示和自我暗示两类。他人暗示是施治者利用患者对他的信赖和顺服给予暗示以改变患者的心理状态，减轻或消除其心理或生理症状的暗示方法。自我暗示是患者通过自己的认识、言语、思维等心理活动调节和改变其身心状态的暗示方法。暗示疗法常用于治疗神经症、癔症、强迫症、运动障碍、口吃以及其他一些身心疾病。

国外有一位化学家，叫约瑟夫·墨菲，他患了皮肤癌，百药无效，反而不断恶化。后来，他每天祈祷两三次，每次大约五分钟，三个月后居然不药而愈。

他的病是怎样治好的呢?就是运用了积极的暗示疗法。他通过反复多次的暗示，使潜意识接受了暗示的信号，从而使病症痊愈。此后，约瑟夫·墨菲不搞化学研究了，他改行研究意识问题，并写了一本书《潜意识的力量》，据说这本书曾经改变了数百万人的命运。

暗示疗法的一般原理

生理学家巴甫洛夫认为，暗示乃人类最简单、最典型的条件反射。

实验证明，人的生理活动和心理活动是相互影响、相互作用的。暗示之所以能够对人的躯体和心理行为产生巨大影响，是因为暗示是一种人类所固有的普遍的心理特性，通过言语的联想过程转化为情绪状态，并产生心理冲动，直接作用于机体的各种机能和行为活动而发挥其作用。

暗示的作用可以分为两个过程：一是通过语言或动作的刺激，使受暗示的人产生观念的过程；二是在这种观念的基础上引起行动的过程。暗示作用的发挥必须经过上述这样两个过程。第一个过程是给予患者以一定的刺激即他人暗示，是暗示作用发挥的前提条件；而暗示作用的真正发挥，还必须经过第二个过程，既把外界刺激转变为自我观念，并把这种观念付诸行动，这就是自我暗示。暗示如果是他人所提供的暗示，只有在受暗示者接受其语言或动作后形成观念，并产生效果，暗示的作用才能得以实现。如果在别人给予刺激的场合下，受暗示者没有接受这种刺激或没有转变为自我观念，暗示也就不会产生效果。因此，在一定意义上可以说，暗示的本质是自我观念转变为行为的过程。

在自我暗示的作用下，一个人可以突然变得耳聋眼瞎。但这种情况下的视力和听觉丧失并不是因为视神经、听神经受损，而仅仅是因为大脑管理视觉、听觉的那个区域的机能受到了干扰，形成了一个病态性的抑制中心，使神经细胞丧失了正常工作的功能。它们不再接受传来的信息，当然不能对这些信息做出反应。这样的患者，心理医生用催眠、暗示疗法进行治疗，可以

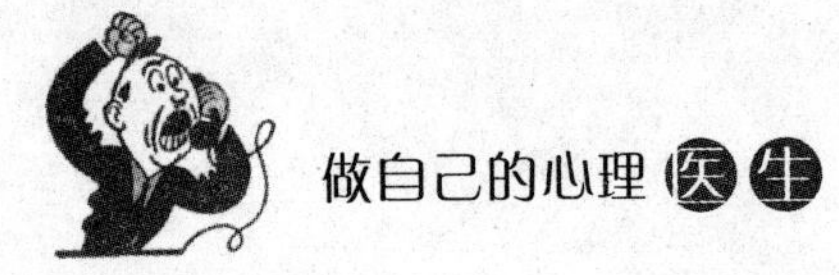

很快治好，往往使旁观者大吃一惊。

自我暗示不仅有致病和治病的作用，还能把人置于死地。据说，一个人走进了冷藏间，被无意关在里面。开始他并不介意，也并未感到寒冷，后来当他抬头看到“冷冻”二字时，顿时心里紧张起来，一种死亡的威胁笼罩在他的心头。他越想越怕，越想越冷，最后蜷缩成一团，在惊恐中死去。事后，人们对冷库进行了检查，发现冷冻机并未打开。他完全是由于自我暗示的作用，因恐惧而导致肾上腺素分泌剧增，心血管系统发生障碍，心脏机能被严重破坏而死亡。由此可以看出，暗示有着巨大的作用。

一位妇女75岁了，她经常对自己唠叨：“我的记性不好。”她在听了心理专家的课以后，就开始用积极的方式向自己暗示：

“我的记忆力从今天开始逐步改善，我可以记住我需要知道的事，不管何时何地，我脑中接收的印象越来越清楚和具体，我可以很轻松地记住，并且很自然。我要想回忆什么，马上就想起来了。真的，每天的记忆力都大大增强，很快我就同往日一样记忆力那么好了。”

三个星期后，她的记忆力恢复了正常。

适合暗示疗法的症状

目前，临床上普遍认为暗示疗法的使用范围是很广的，其适应症除了癔症和其他神经症（如恐惧性神经症、焦虑性神经症）外，对疼痛、瘙痒、哮喘、心率过速、过度换气综合征、记忆力减退等身心障碍和身心疾病，阳痿、性冷淡等性机能障碍，遗尿、口吃、厌食等行为习惯障碍等均有疗效。暗示疗法的治疗效果往往取决于患者的感受性和对暗示的顺从性，患者对心理医生的信任是暗示治疗的基础。

癔症是暗示疗法的传统适应症。古代人早就掌握了如何运用暗示治疗癔症的方法，虽然当时还不能给予科学的解释，使之蒙上了一层迷信和神奇的色彩，但是作为治疗疾病的一种方法，它已经为人们所接受。现在，关于癔症的病因学研究认为，癔症患者本身的性格特点就具有高度的暗示性，很容易接受别人的语言、态度、行为和观念的影响。因此，患者的症状表现与暗示和自我暗示有密切关系，尤其在癔症的发作、症状的改变或消失上，往往起重要作用。19世纪中叶，法国精神病医生沙可就已经发现了这个问题，他强调暗示在癔症发病机理中的作用，这个观点之后又得到巴宾斯基和伯恩海姆的支持。某些神经症，如恐惧性神经症、焦虑性神经症等，在发病中各种精神因素都对其有直接影响。因此，其心理治疗的原则也大致相同：皆需要医生对患者给予权威性的说明和解释，让患者对疾病的原因、性质和治疗有所了解，加上医生的鼓励和指导，使患者树立战胜疾病的信心，从而解除恐惧或焦虑的心理状态。这些都离不开暗示治疗。

此外，大量临床观察和实验研究证明，暗示对疼痛有明显的影响，在足够的暗示作用下，配合使用安慰剂能使术后伤口疼痛感显著减轻；用噪音刺激的方法进行拔牙，其中也有暗示作用。同理，暗示疗法对哮喘等疾病也有疗效。

对于阳痿、早泄、性冷淡等性机能障碍，以及遗尿、口吃、厌食等行为习惯障碍，由于其病因属于心因性者为多，也可以应用暗示疗法使症状缓解或达到治疗痊愈的目的。

心理暗示方法在台湾正被越来越广泛地用于解决儿童心理障碍和行为问题上。3～12岁的孩子最适合用心理暗示技术来治疗心理问题。因为儿童天生好奇，想象力丰富，有能力接受多元价值观念，改变固有观念，不像成人那么有偏见。心理暗示技术可以很好地治疗孩子的学习障碍、自卑问题。另外，暗示对治疗像吸手指、咬指甲、尿床、做噩梦、口吃、牙痛、手术前的焦虑、肥胖、慢性病、皮肤病、癌症等都有显著疗效。

暗示疗法的进行方式

运用暗示疗法有直接和间接两种方式。

直接暗示疗法是指让求治者静坐在舒适的椅子上，施治者以技巧性的语言或表情，给予求治者以诱导和暗示，使求治者接受暗示，从而改变原有的病态感觉和不良态度，达到治疗目的。

一位妇女因丈夫突然在车祸中死亡，精神上受到强烈的刺激，悲痛得双目失明。但经医生检查，她眼睛的结构没有病变，诊断为心理性失明。医生用许多方法都没治好，后来对她进行催眠治疗。催眠师暗示她视力已经恢复，对她说：“我数五个数，数到第五个时，你醒来就能看见东西了。”催眠师很慢地数一、二、三、四、五，果真数到五的时候，病人醒来，发现自己的视力已完全恢复。

间接暗示疗法则是借助于某种刺激或仪器检查，用语言强化来进行的暗示治疗。临床医学上可通过对求治者的躯体进行检查，或使用某一仪器，注射某些药物，以及使求治者处在某些特定的环境中，再结合施治者的言语态度进行暗示，从而使暗示效果更显著。例如，在治疗癔症性肢体瘫痪时，施治者可用电刺激患者肌肉，同时以均匀有力的语调，用预先备好的暗示语句，如“你的肢体已通电，神经电流已逐渐畅通，肌肉开始逐渐有力”等，对求治者进行积极的暗示，从而取得良好的治疗效果。